火水伝ゑ文

我空徳生

ナチュラルスピリット

時いよいよ現れ来たりたぞ。これより先、新しき世に至るまで暫しの年月、辛抱肝心ぞ。人民様、程度の差こそあれ業火《ゴウカ》の死、遂げる者。生き残り塗炭《トタン》の苦しみ、受くる者。二つに一つになりたぞよ。人ごとでないぞ、汝も同じぞ。悪人、善人らちもない。死に行かれる者も、残し置かれる者も聞くのざぞ。

この度は地球最後の転生の時、天意転換の時ぞ。それ由《ユヱ》の厳しさぞ。全人類、己が囚われ積みしケガレ、一点の曇り無きまで祓い清めせなならんから、数多《アマタ》の民、死ぬる者も残りし者も相等しく、阿鼻叫喚《アビキョウカン》の地獄の如き洗礼をその身に受けねばならんのぞ。女、子供辛きこと哀れであるが、一人とてこれ避けること出来んから、早よう魂《タマ》磨きてくれよと申してきたであろうが。

遅し。神、既に動きたぞ。浮かれ暮らす人民様、この度のこと取り違えおれば末期《マツゴ》の不覚となりぬるぞ。しっかと世情見ていて下されよ。現界の荒らぶる現象いよいよ混乱狂気となりておろうが。正邪、背徳、驕奢《キョウシャ》の膿《ウミ》、様々なる形なさして世に噴出させておろうが。これ予兆ぞ。既に世界はウラにて一つになりたぞよ。真中《マナカ》を過ぎし不測の時、世界の悪勢一挙に入り来たり全土を一つと七つに分け占めて修羅の地獄と化さしめん。これ、こたび始めの神仕組みなり。これ日本の事ぞ、マコトぞ。仕組みありて、真先に日本祓い清めせならんからぞ。国、土台から破壊され。ケガレし権力潰えしも外なるケガレ逆巻きて内なるケガレ祓うのぞ。私有財産壊滅し、衣食住にも窮迫し、国民同士の戦ある。人《ヒト》と獣《ジュウ》との分かれ目ぞ。ケガレしものの消ゆるまで、三歳苦難《ミトセクナン》の道行きぞ。こは神仕組み神ハタラキなれど、汝等人民様の招きしことなるぞ。汝の欲心甘やかし来たりたであろうが。しただけのことは拒めぬぞ。神恨むでないぞ。

しかあれ、人民様の苦しき死。残り苦しむ様。神、望みてないぞ。既に遅けれど、このワケ、縁ある者に伝え置く。この度死ぬる者はこのワケ聞いて肚《ハラ》に入れ、生き戻れるように死んで下されよ。死んでも頑張りて下されよ。残されし者も同じぞ。死に急ぎなさるなよ。よくよく頑張りて下されよ。よいな、三年の間ぞ。三年の間、汝等の心魂、修羅場と化せしその地にて耐え難きを耐え魂磨くのぞ。死して逃れんと欲っせしも、異界にて万倍の地獄飲まなならんのぞ。神、頼むぞ。汝蒔いた種なればこらえにこらえて三真釣《ミマツ》り持ち行け。

聞く耳出来たか。神、急ぐのぞ。仕組み始まる前に聞いて下されよ。ここ数年の事ぞ。仕組み始まりたれば三年の間、神一切手出しせぬのざから。このフミも手に入らんようになるのざから。イノチある内に聞いて下され『そは何ゆえなりや…と』。汝、初めて真理問うのぞ。神、嬉しいぞ、その心魂やよし。お前様はこれまで真理に向かいしこと希薄にして、この最後の時まで不明で在りしことはなはだ遺憾なれど、その身さかれし前に向きしこと希有《ケウ》にして縁なり。さればその心魂、最後まで持ち行きて下されよ。三真釣り持ち行く者なれば、三歳苦難《ミトセクナン》の間でも呼べば助くる、手出しする。よいな、終わりと成すも始めと成すも、汝次第ぞ。しっかと聞いて肚に入れよくよく頑張りて下されよ。

死に行くワケ、語りて聞かすぞ。行き残されしワケ、語りて聞かすぞ。新しき世も語りて聞かすぞ。神、一人でも多く戻り来たりて欲しいのぞ。

よう戻りて下された。永きご苦労の旅でありたが、神、よくよく汝の元つ光輝知りておる。神、汝が可愛いのじゃ。もう離れんで下されよ。神頼むぞ。

この度このフミこの時出すは、汝等早うスミキリて神ごころに戻るを促すがためなるぞ。この度の大変、身魂《ミタマ》磨かれ居れば、スミキリて神ごころ近くありせば何処に居ろうが、何が起ころうがご心配まったくご無用なるを知りて欲しいからぞ。

これより此度の大変段々に語りて聞かすが、コクな事も聞かさなならんから、神も辛いが、後々汝善きようにしてやるから、マコトスミキリて神のお手伝いできるよう、勇んで励みて下されよ。死ぬる者も生き残されし者も生死一如なるを知りて下されよ。こ度は生死超えたるお仕組みなるが由ぞ。死しても頑張りて下されと申すもわかるであろうが。

こ度のこのフミ、マコト日本《ニッポン》の人民様に伝うるフミぞ。世界の人民様にもお伝えしたいなれど、こ度の仕組みは元つキの国の身魂持ちたる者でなければご用できぬコトもあるのじゃ。世界の人民様も神の御子《ミコ》なれば汝等のハタラキ大切ぞ。

【元《モト》つキ】解かるか。汝等、陰陽知り居るか。暗きことが陰でないぞ。明るきことが陽でないぞ。言《コト》の葉《ハ》に囚われて取り違え致すなよ。陰と申すも縦のことぞ火の御守護ぞ。陽と申すも横のことぞ水の御守護ぞ。元つキ（気）成り成せる元が火水（陰陽）なるぞ。火水（陰陽）マ十字に結ぶが産土力《ウブスナリキ》ぞ。これ元つ神の尊き御《ミ》ハタラキなるぞ。これよりいずるが【元つキ】なるぞ。これ始源の力ぞ。縦横マ十字に結び合わたざれば、産土力ないのぞ。産土力なければ【元つキ】もないのじゃ。これ解かるか。神なきところ何もないと申して居るのじゃ。されば【元つキ】あるによりて万物万象成り成りてあるであろうが。善人、悪人別け隔てなく、火水（陰陽）の産土力のお陰持たせて居るであろうがな。万物万象生かし活かせし元つハタラキと中つハタラキいっしょにするでないぞ。この【元つキ】いずる国の身魂持ちたるがマコト日本の人民様じゃと申して居るのじゃ。

汝等盲《メ》しいた由、段々に語り聞きかす外なきも情けなきが、暫し止むなし。なれど、日本は元のキの国。ヒの元つ国。マコトの国なるを覚え置き下されよ。今の人民様にはわかるまいなれど、スミキリてくれば段々にわかりて来ることぞ。

そは始源の時、宇宙創りた、元つ神の神仕組みなり。マコト、マコトに尊き御国。ヒノモトの国は元つ神のご神体そのものなるぞ。今この時、ハキリ他国とタテワケ肝腎ぞ。ヒノモトなければ外国ないぞ。外国ありてヒノモトあるのでないぞ。ヒノモトありて外国あるのぞ。それ由、日本は世界の雛形《ヒナガタ》と申して居る。区別大切ぞ。差別でないぞ。区別することが平等であるぞ。区別タテワケせぬことが不平等であるのぞ。取り違えしてはならん。

汝等のご身体見て御座れ。宇宙コトワリの似姿なるぞ。頭は頭。胸は胸。手足それぞれ区別してタテワケ、ハタラク仕組みなり。日本は世界の真中のヘソの国。肚の国なるぞ。元つキの国。元つ神気いずる国なるぞ。これ日本の尊き御ハタラキなり。日本大切と申すこと、ここより外に元つ神気いずる国、なきが由ぞ。これあるによりて地球のケガレ、元の元つ国なる日本が背負わねばならんのじゃ。

　この度の天意転換は、この宇宙創りたる始源より決まりてありたことなのぞ。汝等の宇宙、光ひとつ上ぐる仕組み、七つに別けて進み来たりたのじゃ。この度がその最期なり。七期目の仕上げの時になりたのじゃ。しかあれ、この度の大変は天意転換なるが由でなきこと、先ず知りおきて下され。世界の人民様ケガレ無くありたなら、マコト麗しき幕の上がりでありたのじゃ。なれどケガレ逆巻《サカマ》く気枯《キカ》れ世と成り成してしもうたが、この度の大変招きしワケなるぞ。

　この度ケガレ祓《ハラ》うは元つ神なるぞ。この度はハラとアタマの戦ぞ。神力と学力の戦いであるぞ。アタマ『あやま知』用いて汝等の神気いずるを封じ込め。さんざん世を気枯れケガラし【マコト】無き世と成さしめたのじゃ。神にはアタマを操る悪神の仕組みし企み、すべて解かりて居る由、最後の最後の最後のところで見事ひくり返し、あっぱれ新しき御代《ミヨ》建てるも心配無きが。人民様にはこれよりひと苦労ふた苦労、地獄の苦労もせなならん者もあるから、しっかり【マコト】持ち行きて下されよ。汝等、悪神の仕組みし企み知るよりも三真釣り持ち行く【マコト】大切なるを忘るなよ。それ無くば、何を知りてもご無念ぞ。

日本の大変が酷《ヒド》いのは上に立つお偉い様方、ヒノモトは《元つキの国》なるを『あやま知』に惑わされすっかりだまされ忘れ去り、神気息《シンキイキ》も出来ぬほどにケガレ気枯らしてしもうたが由なるぞ。汚してはならぬ元つ神のご神体でありたのじゃ。汚したるご無礼、末代ワビつると申せど取り返しのつかぬ事でありたのじゃ。一度は日本はもう潰れたと、誰もが思うひどき有りざまにせなならぬ。神も辛いがこれも人民様にマコト無きが由ぞ。マコト無き所にマコトの神は降りぬのぞ。

神、幾度も注意を促し来たりたのぞ。されど汝等聞かず。『あやま知』に目がくらみ我欲に囚われておりたのじゃ。由に申して居る、こ度の災難、天意転換の仕組みより受くるのでないぞ。神仕組みで無いぞ。汝等自身の仕組みし大変の事なるぞ。巷で騒ぎつる世の破滅、汝等の仕組みし世を祓う大掃除のことであるぞ。

今までの世でありたならケガレと光、共にあることも仕組み有りて出来たことなれど、新しき御代になりたればケガレと光、共にあること適わぬのじゃ。仕組み変わるのじゃ。このことよくよくハラに入れて下されよ。今迄の神仏説きし転生は古き教えの中でのことじゃ。今迄は中つ世の神々のお役目なればいたしかたなくありたなれど古き転生の教えこ度で終わりぞ。取り違え致すなよ。

こ度の事は元つ神の仕組みなれば、中つ神々様でも解からぬ事ぞ。元つ心にスミキリてなくれば神々と申せど何処へも逃げおおせぬお仕組みなるぞ。光ひとつ上ぐるのじゃから、ケガレ持ち越せぬのじゃ。汝初めてのこと由、解かり難きも無理なきが、ケガレ持ちたまま何処へ生まれ落つるつもりぞ。こ度は汝の生まれ落つる所、何処にもなきぞ。神、許さぬが由ぞ。これ程申してもマコト持ち行けぬ者、止むなし。その者の最も避けたき苦難、万倍の有りざまにして未来へ打ち捨つる外なきも解かるであろうが。もう神、待たれんのぞ。

汝、マコト神の神民なから身魂の大掃除、自ら勇んでして下されよ。ケガレ自ら祓うミチ、こ度の、神の、手伝いと、知るが始めのマコトミチ。解かりたか。

しかあれ、こ度の大掃除は人民様だけでは大変なから日本の国の上に立つお偉い様方のマハタラキ大切でありたなれど、身魂既に病み重きに至り、曇りに曇りて九分九厘、天の賊と成り果てしもうておるのぞ。改心既に遅く、もはや痛い目見るより外なき有りざまと成りてしもうたのじゃ。由に残されしマコトの神民一人一人、早う改心伝うるが、このフミ出せしワケなるぞ。とどめの伝うるフミなるぞ。スミキリてスナオに聞くがお陰受く取るミチノリと思い励んで下されよ。

これより先、神がかり数多《アマタ》い出来て何が何だかワケ解からん様になりてしもうから。苦難最も辛き時、神も仏もあるものかと人民様必ず思う様になるから、その時では遅いから、いまの今よりこの神の申すことしっかりハラに入れて、その時お陰落とさぬ様にしていて下されよ。神、確かに申し渡したぞ。よいな。

今の世の人民様、神ハタラキにくわしき者、うとき者様々なれど、知識あろうがなかろうが目クソ、鼻クソと申しておろうが。神ハタラキ、知識でないぞ。汝生かし活かせしハタラキぞ。これより語り伝えしこと、知識いらぬぞ。ご心配ご無用ぞ。わかり解せぬところ、知識の足りなさ由でないぞ。逆ぞ。知識持ち過ぎたるが由ぞ。死しても取り違え致すなよ。神、【マコト】に戻りて欲しいのざから、汝の『あやま知』早よう捨てて下されと申しておるのじゃ。こは人類の始源よりこ度に関わる大事にてあるぞ、汝等狂いたる元でもあるぞ。このワケおいおい語りて聞かすが、このこと必ず解かるようになりて下されよ。

よいな、汝等こ度初めて【マコト】聞くなり。由に再度言いおく。汝等『あやま知』使うてはならんぞ。汝等の価値判断、このフミ終えるまでの暫しの間、使うてはならんと申しておるのじゃ。そは【マコト】、黒を黒といいしも、汝等、白を黒と言われしと疑念持つが由じゃ。この最後の時、取り違えあやまつは末期の不覚ぞ。由に汝等、このフミ赤子《アカゴ》の如き心にて読むが肝腎ぞ。ゆめゆめ方便なる言の葉に《囚われ》てはならぬぞ、そは『あやま知』産みたる母体なるが由ぞ。

汝等〈働かぬ者食ろうべからず〉とのたまうが、それ誰の決めた事ぞ。誰ののたまいし事ぞ。神、申してないぞ。汝等まんまと操られ、ワナにはまりただけぞ。そは『あやま知』に《囚われ》たるが由なるぞ。

汝等のハタラクハタラキ、ハタラク楽しさ食らう事と関係無きぞ。本来、汝等のハタラキ、己れも楽しゅう人も楽しゅう、ハタ（他）楽なるが真姿《マスガタ》ぞ。ハタラク事と食らう事いっしょにしてはならぬのじゃ。

汝等の本来のハタラキ、不調和を調和に和するハタラキなるぞ。ハなるぞ。タなるぞ。ラなるぞ。ハタラはワなるぞ。ハタラは横ぞ。カキクは縦ぞ。元つキありてハタラキなるぞ。ワキなるぞ。和する気なるぞ。ハタラキ結び産むはクなるぞ。ハタ（他）楽ぞ。調和であるぞ。ワクワクであるぞ。これ縦、横十字に正しく結びた真姿ぞ。マのハタラキぞ。マとは縦横正しく結び産みたる素型《スカタ》（姿）のことぞ。上に響くか中に響くか下に響くかでハタラキの役目違うて来るぞ。汝等の申せし仕事、ハタラキ、情け無き程の【マ】抜けなるぞ。今のままでは害悪垂れ流すだけのハタラキのマぞ。ハタラキ正しく結び産まざれば不調和産むのぞ。これ今の世の汝等のハタラキなり。不調和誤魔化すための『あやま知』に操りつられし姿なり。心魂濁りし姿なり。【正しく結び産む力】見失うたが由、【マ】に至れぬのじゃ。カタカナとは【象神名《カタカムナ》】のことぞ。神の御名ぞ。汝等生かし活かせし生き通しの生き神様そのもののことなるぞ。万物万象すべてこれによりて成せしあるのぞ。言魂、大切にしおくれよ。解からぬと申して嘆くでないぞ。スミキリてなきが証なるも、暫し止むなし。解かりて取るるところ喜びて取るは結構ぞ。段々に身魂太るぞ。今はスナオな心で聞きて、ハラで解かるが肝腎ぞ。

心濁らずば魂濁らず。魂もともとスミキリて居る。心濁らずばマハタラキ成るのぞ。心濁るは《囚われ》しが由なるぞ。心魂濁るれば言魂濁るのじゃ。言魂濁るれば不調和産むだけぞ。汝等皆々言魂スミキリて神に真釣り人に真釣りて好きなハタラキ成すなれば、汝等に出来ぬ事など無きが世と知りて解かりて下されよ。

神、汝等の申せし理想語りておるのでないぞ。汝等食らうことなど自然と真釣り合わせつれば足ることぞ。神と人、真釣り合えば、ほんのチョットの嬉し楽しのお手伝いで済むことぞ。汝等の時間でいうならば日々一～二時間のことで有り余るのぞ。後は汝等の好きなこととして良いのざぞ。食らう事から自由になれるのぞ。食らう事から自由になるれば、人民様ワレもワレもハタラクさせくれよと申し来るのぞ。汝等のハタラキ輝くぞ。今の今でもこれできるのぞ。マコトぞ。

今の今も汝等の食らう分、有り余れる程に用意してあるのじゃぞ。天恵、誰のものでもないのじゃ。気候、風土誰のものでもないのと同じ事ぞ。誰のものでもないが由、そのお土に生まれし汝等、その地にあるもの好きなだけ自由に食らうて良いのざぞ。人、食らう量限りあるぞ。天恵限りないのぞ。限りあると思うこと『あやま知』なるぞ。限りあると申しつること『あやま知』の信奉者なるぞ。汝等働かずば食らう事出来なくなりたるは、汝等働かずば困る者の図りし事ぞ。

そは『あやま知』操りし者どもの、成せしが悪しき業《ワザ》なるぞ。
幼きより黒を白と教えつられ育てつられれば、これひくりかえすはなかなかのものぞ。オカシキ事はオカシキ事ぞ。人民様しっかりして下されよ。衣食住なんでも自分で出来るようにしてみてござれ、オカシキ事のタテワケ解かりて来るぞ。『あやま知』ひとつでこの様ぞ。今の世にある常識、道徳クサキものいっぱいあるのぞ。『あやま知』侮《アナド》りてはならんと申すこと解かるであろうが。汝等これに囚われておるが由、人生過ちおるを知らぬのじゃ。こ度これによりて無念の死とげるもの数多あること忘るなよ。汝はこうでありてはならぬのじゃ。

三千年の昔より、汝等には解からぬよう汝等の心身の薄弱化を図り続け来たる力ありたぞよ。そは汝等の身魂捕らえるがためぞ。汝等の心、曇り曇らせ汝等の光輝忘却させ、自ら思考する事の出来ぬ獣と化さしめ、欲望のままに生くる者となさしむるがためぞ。そは汝等アメとムチにて治めんがためなるぞ。そは己が野望を成就せんがためなるぞ。そは自ら地球の盟主とならんがためでありたのじゃ。

汝等を獣化《ジュウカ》せしむるに用いたる、主たる力が『あやま知』なるぞ。かの力、侮りてはならんと申した事、こ度の人類の歴史、彼等の思うどうりに描かれ来たりたの見つれば得心致すであろうがな。汝、幾度もの転生揺りかごから墓場までどぷりと彼等の作りせし世で過ごし来たりたのぞ。三千年の企みぞ。そ度『あやま知』に囚われ囚われ苦しみ来たったのぞ。ソクラテス殺せし力も、イエス殺せし力も『あやま知』なるぞ。マコト唱えし者殺しマコト覆い隠せし力『あやま知』なるぞ。『あやま知』言うも直接手を下せしは『あやま知』に囚われたる人民様でありたのぞ。ここそ『あやま知』の狙うた企みぞ。果《カ》であるぞ。力であるぞ。『あやま知』仕掛けた者ども、この力よく知りておる。本来チカラ無きも知りておるのじゃ。悪は苦労に甘いから、知らず誉め称える人民様ばかりじゃ。誉めて力与えしも人民様ご自身なるぞ。誉め称える度毎に汝等の身魂、曇りに曇りて行きたのじゃ。ワナにはまりて行きたのぞ。治め易き獣と成り果てたのじゃ。『あやま知』操る者どもも『あやま知』振りまく害悪を、知るが唯一の者なれば自ら冒され無き者と、勝ち誇りておるなれど、こ度は悪の影さえ残さぬのざから最期の仕上げを見てござれ。こ度の相手は元つ神ぞ。決死の覚悟で来てござれ。

しかあれ、彼《カ》の者どもも始源の時汝等と共に『囚われ』の重き病みにかかりた者でありたのじゃ。このこと彼の者どもも知らず。由に『我善し』と思うておるのじゃ。この事、こ度に関わる深因なるゆえ覚えおきくれよ。後に解かるぞよ。

今、最期の時。彼等の企み、彼等の申すとうり九分九厘成功しておるのぞ。彼等の企み最も鮮やかに花開きたるは日本なるぞ。汝、気付かぬか。日本の人民様見てご戯《ザ》れ、上から下まで見てご戯れ。彼等の言うた〈自ら思考する事の出来ぬ〉人民様や〈欲望のままに生くる〉人民様ばかりの世になりなりておろうが。ここそ『あやま知』に見事にはめられし果ぞ。実ぞ。証ぞ。破滅の花でありたのじゃ。

破滅の花はこわいぞ。欲心の種何処ともなく寄り付きて汝に芽吹くが由なるぞ。これ大事なことぞ。汝『あやま知』にどぷりと囚われておるが由、関わり無きと申すなれど、汝の持ちたる衣の糸引いて見て下されよ。食の糸引いて見て下されよ。住の糸引いて見て下されよ。衣食住その糸引きたる先見れば、商人がいるであろうが。更に引きたる先見れば工場見えるであろうが、農場見えるであろうが。さてその先に、汝何を認めしか。汝等日々ほとんど省みし事なきが、そは資源ぞ。汝等の創りたりえぬモノぞ。天恵ぞ。水ぞ。油ぞ。食物ぞ。鉱物ぞ。森林ぞ。海洋ぞ。地球ぞ。すべてのすべて神なるぞ。

汝等この天恵なくば一日たりとも生きてはおれんのぞ。されば汝等一人一人にその糸集まりきておろうが。されど汝等、自然とあまりにも隔たされ過ぎたるが由に衣食住の本義忘れ、ただただ『あやま知』たる衣食住むさぼり生くるようになりてしもうたのじゃ。食えば食ほどゼイに入り、着買え着捨つる狂り返し、住むに不自然作り上げ怪適かなえる物集み、『あやま知』病みたる欲望の糸引く勢い増しに増し、『我善し』消費の限り尽く。引かれし糸の先見れば、ワガ国ばかりか他国まで天恵むさぼり略奪の汚名頂く様となる。三千年の策略に、まんまとはまりし由なれど、成せしは汝の罪なるぞ。天恵とられし国々は、衣食貧しく住難く、辛き思いの国なるぞ。物心飢餓の国作り、地球の環境悪化させ、騒ぎ起きれば人ごとの、援助、援助と騒ぎ立て、汝の成せしは自覚無く『あやま知』たてたる援助にて、金出し、口出し、手を出して自国ばかりか他国まで利権むさぼり食い尽くし。『あやま知』散々ばらまきて、山死ぬ海死ぬ心死ぬ。貧富逆巻く悪しき世にさせたが日本の罪なるぞ。寝ぼけマナコに在りては危うぃぞ。こ度の大変、悪神は日本の人民様餌食に致してやり通す、申す声聞こえんか。これより日本を世界の悪者に成す仕組み、どんどん表に顕《アラワ》れ来るぞ。出て来てから騒ぐなれど後の祭りじゃ。真釣りは真先でなくてはならんのじゃ。これで少しは解かりたか。

汝、外に悪認めしと申すなれど、悪現れたる元見れば、汝の手元に結ぶのぞ。汝の集めしその糸は『我善し』汝のご都合に合わせ作らる欲糸ぞ。『あやま知』生みたる悪の糸。汝の育む欲糸じゃ。汝の厭《イト》う原子力、背後で育む悪親は『あやま知』病みたる汝等の『我善し』使うる電力のひたすら消費が真の親ぞ。汝等、悪滅っせんと申すなれど、握りた糸切ったかや。汝等欲糸引かずば悪育たず。生ぜず。自ら滅するの他無きであろうが。糸切りて滅びる産業、悪の業と知る時ぞ。

惨業でありたのじゃ。滅びる他に無きものでありたのじゃ。お役目終わりぞ。
神の渡せし糸と汝の集めし糸、混同してはならぬのじゃ。欲糸ひとつ放せば神の渡せし糸太くなるぞ。欲糸ひとつ生ずれば神の渡せし糸細くなるのじゃ。この道理解かるであろうが。

これ程言うても解からぬ人民様ばかりじゃ。汝関わり無きと思いせば、その場で落つるのぞ。謙虚になりなされ。もう間違え出来んのぞ。最後のときぞ。後はないのぞ。神、頼むぞ。『あやま知』万物万象に渡りておるのぞ。汝一人関わりなきと思うてか。万物万象糸引かばすべて汝に及ぶなり。汝動きしその時は万物万象動くなり。針一本落ちても万物万象に関わるのぞ。汝の言《コト》の葉《ハ》（口）、汝の思い（心）、汝の生き様（行）、何ぞ万物万象に関わり無きか。まして世の大変、汝等一人一人の『あやま知』由の現れと、素直に気付きて下されよ。

大変起こるそれまでに『あやま知』捨つるミチのれよ。大変起きしその後は【マコト】貫くミチのれよ。ふたミチ貫く大切は【口《ク》・心《シン》・行《ギョウ》】とぞ知れぞかし。三真釣り合わぬミチのりは、神も仏も無きものと思う世界へ向かうなり。三真釣り合わせしミチのりは、意乗り（祈り）神来るミロク世へ生くる唯一のミチなるぞ。

汝等これまで言うてる事、心に思うてる事、行うてる事皆ばらばらでありたであろうが。そは『あやま知』の世に合わせ生くるためでありたと申すも、最早ならぬぞ。生きて地獄、死にて地獄。益々その身さいなむだけぞ。後いくばくも無き年月、ちいとはご苦労して見なされよ。今この時一つのご苦労百の安らぎぞ。

かほど三真釣り成せ申すも、人民様の自覚甘きが由ぞ。汝等、巷に大変知らすオフレガミ数多あるを知り居るな。なれどこれより起き来たる危難、事細かに知りて何とするおつもりか。逃げ道探るは破滅のミチじゃ。そろそろ卒業結構ぞ。

この期に及びて尚、逃れんと欲するは《身欲》を基《モトイ》の『あやま知』で《我善し》力で押し進み、ミロクの御代に残らんと、思える程に曇りて居るのであろうから、この方、末期の今今に辞世の歌を聞いて遣わす。思いの侭《ママ》になさるが善いぞ。

　こ度のコトはいかなる神仏に頼み参らせれど適わぬコトぞ。人を創り、神をも創りせしものの意なるが由ぞ。元つ神の御ハタラキなれば。人にも神にも解からぬとくどう申し置き居ろうが。こ度の大変は時にあらず。場にあらず。マコト危うきは汝自身と知りて下され。時空超えたる祓い清めなるが由じゃ。助くる捨つるは後の後。自ら祓い清めるが、こ度汝の【苦心行】三真釣り合わすミチのりぞ。

　解かりたか。海、荒るるが危うきで無いぞ。山、火吹くが危うきで無いぞ。地、裂けるが危うきで無いぞ。戦、激しきが危うきで無いぞ。衣食住、無うなるが危うきで無いぞ。めぐりだけの事はせにゃならんが、三真釣り持ち行く者なれば呼べば助くる手出しすると申して居ろうが。由に汝、マコト持ち行けぬただその事が危ういのじゃ。生死一如《セイシイチニョ》と申して居ろうが。生きておりても死しておりても同じ事ぞ。三真釣り持ち行けぬ者、海、危うきぞ。山、危うきぞ。地、危うきぞ。戦、危うきぞ。衣食住、危うきぞ。死後も危うきと申すこと、ハラに入れよ。

こ度の大変起こりし裏の裏の経綸《ケイリン》は宇宙創りし始源に及ぶなり。汝等、始源の時この方と共にありたのぞ。光輝そのものでありたのじゃ。汝等その時、万物万象生かし活かせしチカラと共にありたのぞ。マコトそのものでありたのじゃ。なれど、光幸《ヒカリサキ》はう神代《カミヨ》の末期、汝等こ度の深因なる《囚われ》の病みにかかりてカムハタラキ成せなくなりたのじゃ。汝等の真ハタラキ、闇を光に、不秩序を秩序に、不調和を調和に転質転換なさるマコト尊きカムハタラキでありたのじゃ。

ここそすべての鍵なるを知りて下され。汝等の取り違え居る善悪のハタラキあるも自由なる真姿も、転生生じたワケも汝等が見失うたマコトのすべて解き明かすカギあるぞ。そは汝等本来のマハタラキに関わりて、現れい出たるが由なるぞ。

汝等皆々、コトの初めに《身欲》の病みにかかり囚われ、マコト見失うてしもうたのじゃ。汝等《我善し》力の作りせし世の不調和から逃れんと、あっちにぶつかり、こっちにぶつかり、あちらに逃れこちらに逃れ、ついに自らに都合の良き《内なる》メガネ作り持ちたり。そは自ら過ち生くるに不都合なる【真釣り】見ざる言わざる聞かざるの、魔やかしの力持ちたるものでありたのじゃ。これ、ふた病みより生じたる『あやま知』の病みなるぞ。これにて汝等、遂に自ら不調和生み成す者と成り下がりたのじゃ。黙して聞いて下されよ。今は先ず、汝等三重の重き病みにかかり居る自覚肝腎ぞ。汝等、囚われ囚われ既に囚われし事の自覚なく、幾重もの囚われたるメガネかけて暮らし居るのぞ。今の世は権威となせし『あやま知』により作られし過てる世なれば、『あやま知』堂々の常識とて、かっ歩してござるのぞ。身欲《ミヨク》を捨て見てござれよ。こ程オカシキ世は無いぞ。

これよりはくどくど申す事、多くあるも、そは汝等皆々こ度を越すに少しでも易き様、量《ハカ》りて申す事なれば、ス直について参るが善いぞ。きつき事も度々に申さねばならぬ由、怒らず、今今に許し置かれて下されよ。

汝等が、幾転生再生に渡りてご苦労致し来たりたは、唯ただ、汝等の不調和を調和に和する真ハタラキを顕すがためであるぞ。マコト、マコトの神真釣りに帰一するがためじゃ。元つマコトに神真釣る、成り鳴る響きを鳴り顕すがためでありたを今今に知り置かれよ。この地にミロクを顕ずるが汝の天命にござるのぞ。

【神真釣り】なるは初め無き始めよりオワリ無き終わり迄、無限絶対力徳《リキトク》を、備わしめある尊きマコト力徳の、御ハタラキを称し奉りてあるのぞ。汝等の宗教におきてもマツリ、マツリ言うは数多あるが、マコト神真釣りを開き立てたるところは今に無いのぞ。この方が今に無い申すは、殊にこ度の事に関わりて始源よりの【真釣り】と『智恵』と《快欲》の因縁を、【スメラ】と『ユダヤ』と《逆十字》の因縁を、タテワケ解かりて取り開きたるところが無かりたと申して居るのぞ。幾許《イクバク》かのマコトの者が【真釣り】を取りたに過ぎぬ程の深きご経綸でありたのじゃ。こ度の【神真釣り】は最期のご経綸でござるから、この宇宙創りた元つ神でなくれば知らぬ事もありた言うは解かるであろうが。何事も時節いうものがありて、致し方無く秘めたるもありたなれど、今今の時申すは既に実地に入りて久しくある由、残されし汝等お一人お一人に【マコト真釣る】を急ぎ取り戻しもらうには、汝等の今までの心の持ち様を今今に、綺麗にさらりと捨てなさる赤き心の無かりせば適わぬ事と覚悟めされよ。足元にいよいよ残念が来て居るぞよ。

この度はいと易くお伝え致すためのご苦労なれど、マコト真釣るをアタマにて取るるは適わぬ事なれば、日々、三真釣り持ち行きて行に結ぶをやかましく、くどくどうるさく申し行くも、残る時節を鑑みて直しの利かぬ神真釣り。万古末代《バンコマツダイ》に一度の事であるから申すのぞ。辛抱第一に、なさるが散らぬ、梅の花じゃ。

いよいよス直にお聞きになれば徐々に真釣るが見えて来て、少し取れたらもちょっと取れて【真釣り】『魔釣り』が解かりて来るから、も少し辛抱して下されよ。汝の今までの心の持ち様を捨て行くは、マコトに難儀な事であるが、そこそ越えねばならぬご苦労と、覚悟を決めるが別れの道ぞ。【マコト真釣る】を取り戻す言うは、ご苦労を外しては適わぬことと、知りて取るるが初発のミチじゃ。

そこまでお陰が取れたなら、汝が真釣りを外しては、生くるは適わぬ事でありたと気付くから、天地の御祖《ミオヤ》の大神に、自然と感謝の響きが出る様に成りて来るぞ。真釣るマコトの力徳に、自然と頭が下げられる様に成るれば、足場のアの字が見えてくるぞ。何としても最後までス直においでなされませ。こ度はマコト【真釣り】あるが解からねば、学でも智恵でもお金でも、どうにも越せぬ【神真釣り】じゃ。学でも智恵でもお金でも越せぬと解かりたその先が、どうにも見えぬ曇り様では危ういぞ。ス直が唯一の松の杖じゃ。身欲を押さえてついて参れよ。

これより汝等は、マコト真釣るを知りて後、真釣りてマコトを現すが、大事な事と解かりて参るから、マコトとは何であるか。真釣りとは何であるか。大元をしっかと響きで取りて下されよ。響きで取れ申すは、響きを出せ申すことであるぞ。こ度の大変は学や知やお金では、越すは叶わぬからであるぞ。心スミキリたる響き鳴り出さねば叶わぬのじゃ。それ由、三真釣り持ち行け申して居るのぞ。

今までの世は、悪の力が強ければ強き程、上へ上へと上がれた世なれど、既に悪の世は終わりて居るのぞ。今今に悪に見ゆるはこ度の大掃除の舞台造り由、勘違い致してまだまだ悪の世が続く思いて、好い加減なことをなして居ると、残念では済まなくなるから、今今に心入れ替えて、清まれる程に心鍛えて下されよ。

新しき御代は、汝等も含め万象万物マコトのもので無くれば、生くるは適わぬ御代にござるから、何事も上から下までマコトがキリリと立て分けられて何でも透けりて解かる御代で御ざるから、人民様皆々ご安心なされて得心なされて全く口舌の無いご苦労も悩みもない、嬉し楽しの歓喜弥栄《イヤサカ》の御代となりて来るのじゃ。マコト持ち来た汝等が、幾久しく待ちて居りたは知りておるのぞ。嬉し慶び取りて善いのじゃぞ。新しき御代に入るれば、もはや悲しき目には合わせぬ由、ミロク代至るまで今暫しの辛抱じゃ。富士動くまで何がありても堪えて下されよ。死に急ぎなさるで無いぞ。時至りなばこの方とミロクの岩戸を共に開かん。

こはマコトの事であるぞ。安楽な身欲な思いにある者は、今今にこのフミ誰ぞ他のお方に渡しておくれ。汝には関わり無き御代ざ思うがよいぞ。脅しで無いぞ。か程きつう申すは、人民様は近欲なから、思いの一分なりと叶えばなぞと申して欲少なき如く申して居るが、この方から見あれば臭き心根でござるぞ。そはマコトのことは必ず成就致すを知らせあるに、マコトを鳴り成らせるは今の人民様には大層な難儀にござるから、難儀な事は程々に気楽に楽しんで出来るなら、余りに酷きザマにならぬ程に、思いの一分なりと叶えば儲けものと、心底思いて居る由、ご自分のご都合の宜しきところだけを、つまみ食らう算段が見え見えでござるからぞ。もはや身欲丸出しの見苦しき姿にも気付けん程の曇りザマでござる。

そう成りて居りてはフミにてヤ和すも、母にてヤ和すも出来んから、鬼となりてヤ和す由、一挙に一度で致す三歳苦難のタテカエまで控えて居れ、申して居るのじゃ。大層な難儀はこの方に安心致してお任せ下され居れば、それで善いのじゃが、この度の汝ご自身のマコトは、どうありても汝ご自身で取りて下さらねばならぬ由の伝ゑフミであるぞ。今までと同じような思いでありたら危ういぞ。

赤き心から、少しでも早くこの世にミロクのマコトを現したく思い願いつる者は、思いの一分で良いなぞとは決して申しは致さんぞ。彼の者はマコトの全くの顕現を願い望みてござるのじゃ。身欲を控えた神の御子様じゃ。神と共にござる。

少しは恥を知りて下されたなら、口を慎み、心を慎み、行を慎みて、マコトの方のお邪魔をなさらぬ様、控え従いて、汝のなさねばならぬ事どもに気付きて下されよ。〔足場〕の〔足場〕の〔足場〕の【あ】から始める事ぞ。三真釣り持ち行く事でござるよ。神々も人民様もここより始まりここに終わるのでござるから、汝も共に参るが善いぞ。響き上ぐりたら、上ぐりた相応に善き方に向けてやるぞ。

新しき御代申すはマコトのハキリ立ちてる代にござるから、真釣りの何かが善く解かるのじゃが、今様の世申すはマコトの何一つ立ちて居らぬ世由、マコトの何かが解からぬ様になりてしもうて居るのぞ。それ由の行いでござる。言の葉にては必ず取り違え致す由の行いでござる。三真釣り持ち行く行いは、行にて真釣る響きに戻し鳴らせるがそのミチじゃ。和する響き段々に鳴り鳴り響く様に成り鳴りて、汝のミロクへ結び成る、カムナガラノミチにござるよ。

今までの世は、世界中何処にありてもマコトの真釣りを外し参りて居りたから、マコトの真中を失うて、争いの絶えぬ心傷つく世と成り果てたのであるぞ。アタマと力で真中を作ろう思いても万古末代叶わぬぞ。マコトの真釣りはそんな事では取れはせんぞ。こが汝等の歴史いうものでござるぞ。真釣りを外し来た歴史でござるよ。そのままに、神幽顕《シンユウケン》、三千世界挙げてアタマの魔釣り成す、修羅の地獄を続けては、元つ基の神仕組み、初発の泥に戻さねば、ならぬ事態も招くから、万年早く蘇り、ミロクの御代へ至すなり。こ度が、真釣りを外し来たアタマの勢力と、元つ真釣りのこの方が、元つ仕組みで対峙《タイジ》する。ミロクに結ぶ最後の戦にござるよ。こ度は、総ての総てを元つマコトの神真釣りに返し奉るのであるぞ。

汝等お一人お一人に、こ度の事をしかり解かり取りてもらうには、汝等のマコトの素型を明かさねば、進み適わぬ事なれば、汝等の基は、マコト地の日月（ヒツク）の神成るを今今に伝え知らせ参るなれど、汝がそのままにありて神そのもの申せば、今の人民様はよほどご苦労無しの、極楽蜻蛉《ゴクラクトンボ》でござるから、今より酷き好き放題をなされて、目も当てられぬ終末を迎えるが見えて居る由、この事はよくよく注意を致して、毛程の過ちも無く、分と礼節をわきまえて取りて下されよ。こ度は汝等の真ハタラキを取るる程には伝えねば、益々素性ケガレし『あやま知』にいいように弄《モテアソ》ばれ、末代取り返しのつかんご無念となりてしもうから、この方はよくよくに気を付けて居るのざぞ。この方の申す事、悪しき使いの申す事、紙一重の差にありても天国と地獄の違いにてあるから、嫌われる程にご注意致すのであるぞ。この方が今世の酷きを申すが解からぬ者は、既にして危ういぞ。

これより伝え記す事、一々腹の立つ事にてござろうが、どうぞスミキリて真素直にお聞き下されよ。汝も真中にマコト持ちたる神ざ申す事お忘れ下さるなよ。

今の世申すはマコトいう事が全然解かりて無いから、上下挙げて《我善し》力で好い加減に、無策のやり方で好き放題に成されて来たのであるよ。そがために何が正で、何が邪か。誰一人タテワケ示せる者も居らぬから、乱れ放題の酷き世となりて居るのじゃ。せめて〈皆が好きな事ばかりを成されて居りては世が荒《スサ》む〉とお一人なりと、心に思いて、口に出され、真釣りて違《タガ》えず、行いに結びて下さるお方でもおいでになれば、善の鏡と成して使うも出くるのであるが、憂うばかりで行いに結ぶ人民様、ほとんど無いからそれも出来ず。我は行に結びて居る申す人民様数多居るが、ハラにマコトが立ちて無いから心が曇りて、《我善し》力で結ぶ行でござるから悪しき鏡ばかり増えて、ちいともマコトを開く足しにはならず、かえって掃除の手間を増やすばかりで、今今の時申すは手の付けられぬ程の酷きザマと成りてござるのぞ。幾度も同じ事をくどくど申すは、今一段と酷き有りザマに成りて居るを、汝のマナコの曇りを祓いて、しっかとご覧になりて欲しいからであるぞ。

今の今までマコト結びの少なかりた者は、余程しっかり取りて下されよ。さもなくば、汝は手も無く足も無く『魔釣り』の力に囚われる事になるからじゃ。この方が汝等に解かりて居る、解かりて無い申すは、マコトをキッチリ行に結んだか、結び得なんだかをいうて居るのぞ。行に結ばざるにありては話の外じゃ。ハナから相手に出来はせんぞ。マコト申すは【行に結びて】初めて開く神の徳にござるのじゃ。好い加減な気持ちでなさりて居りては、叶わぬ事も解かるでござろうが。今までの成さり様、恥ずかしく思いたら口を慎み、心を慎み、行を慎みて下されよ。そうでなくれば、今からタテカエ間際まで、真釣りを外す勢力が、このヒノモトを奪わんと、あの手この手で仕組みある、心を惑わす策略に、まんまとだまされるがオチであるからぞ。人民様、気付きて下されよ。『今の世が酷き有りザマなのは、国と国とが分かれ立ち、自国の利ばかりを主張するが因なれば、国境を取り祓い世界を一つに成すが、正義の道ぞ』と申す声、数多出あるを知りて居ろうが。村が町に。町が都市に。都市が国に。国が世界に。形が変わるだけではござらぬか。身欲が酷き有りザマの因なるを伏せ隠し、利便を至福と言い変えて、あたかも世界統一成す事が、人民様の幸福へ、繋《ツナ》がる如く煽《アオ》りても、偽る至福のその裏は、更なる酷き有りザマの、大き構えの控え添う、『魔釣り』が栄うが滅ぶ世に、成りて結ぶが解からぬか。人が神成るお仕組みは、元つ真釣りに依り立つが、唯一叶うるミチなれば、真先に身欲を控え捨て、外した真釣りを取り戻し、真釣るマコトに帰一するが事にてござるのぞ。今までの世でありたなら、失敗致しありても次の世に賭けるが出来たなれど、こ度は後は無いと、くどう申して居ろうがな。こ度はどうありても、神のコトワリをハラの真中に据え立てて下さらねば、至るは叶わぬミロク代じゃ申す事、解かり取られて下されよ。

遂には『恐れず好きな事を成し行きても良い時節になりた』申す者出て来るぞ。そは『総てを好きな様に成されても何のご心配も無きが証は、汝等ご自身が今の今でも完全な神であるからぞ』と申す事にてあるのぞ。ちょっとでもご苦労を成された者なれば、何を馬鹿なと一笑に伏されも出来ようが、今世にありて、老いて居ろうが若くあろうが、マコトのご苦労を知らぬ者いうは、どんな時でも安楽な道しか歩めぬ者にござるから、ご都合の宜しき道なれば、後先解からずついて行くが見えるによりて、この方は心配致すのであるぞ。それ由、今今にくどき思われる程に注意致し居るのぞ。解かりたでござろうが。身欲の事はそのままに形ばかりのこて先の、ご自身の神成る基も知らぬ人知にては、末は滅ぶしか無いが世でござるよ。汝等皆々、神と真釣ろえば神と成るのじゃ。早うそれに気付きありて、いずれケガレを出さずとも、何でも出来るものと成りて下されよ。汝等の一力で神成れ、申して居るので無いから安心致すが善いぞ。なれど汝等が真釣りに向こうて下さらねば、叶わぬ事じゃ申して居るのぞ。

この方が、マコト汝は地《チ》の日月《ヒツク》の神じゃ申すは、この度の事に関わりて汝の自覚を促すがためなるぞ。日月地、真釣るハタラキは神で無くれば出来ぬ由、汝の正《ショウ》味《ミ》を伝えしが、マコト火水（カミ）成るそれまでは、三真釣る苦労で耕して、自覚育む肥やしさし、マコト芽吹けるそれまでは、陰に回りて守護すなり。初発より今今に生き通しの元つ神々様のご苦労も、少しは察してやりなされよ。よほど返せぬご恩に生かされありた事どもを、知りて解かりて来る程に、深きマコトのお詫び持ち、感謝の鳴り鳴る響き持て、汝の三真釣る行持ちて、こ度のご用に立ちて下され。元つご霊統の神々様方は今の今の今今も、汝を真釣りに導くに言語を絶するご苦労を、汝を産みた初発から陰で支えて参りたのじゃ。汝等の行く末を案じ、少しでもメグリ少なく真釣れる様、万象万物に万化致して、汝の下の下の下に下り控えてご守護し参りたのでござるぞ。

神々も汝等も、神、人含め、マコト、マコトの神真釣り、自ら取りてもろうため、この世に仕組みし神仕組み。情けと花の仕組みにて、仕組みし天の大神と、創りた元つ神々の艱難辛苦《カンナンシンク》の裏舞台。陰で支えるご苦労の、毛の先程のその先の先々程のご苦労で、取らすミロクを創るには、至誠至愛一筋に、万古末代弥栄の真釣る尊き一二三（ヒフミ）鳴る、鳴り成る響き出すまでは、天の大神様初め、元つ神々様方の、堪えに堪え堪う神仕組み。

　汝等皆々神成る身。自ら取らるがお手柄と、汝が気付くそれまでは、我慢に我慢を重ね行き、注ぐ辛抱繰り返し、口惜しき思いは数知れず、蹴られ殴られ殺されて、悪しき者よと蔑《サゲス》まれ侮蔑《ブベツ》、裏切りない混ぜて、辛き思いの針の山、手刺し足刺し越え行きて、たどりた先で火に焼かれ、落ち行く先で水の責む、マコト受難の真釣りミチ。三千世界《サンゼンセカイ》に仇をなす、ケガレ魔釣りし有りザマを、マコト一つで越え行くは、至難に至難のミチ行きで、気楽な事はいちに無く、陽気な思いを持ちたなら、瞬時にケガレと組み成して、マコト失う厳しさでありた。ご自身がどんな辛き思いを成されても、汝等を支えるが大神の情けと花の仕組みでありた。

この方が陰にまわりて、三千世界を守護致し来たりたは、汝が一刻たりとも速やかに、自ら真釣るを取り戻し欲しく、願いありたからであるぞ。皆々神成る身なから、ご一柱も残す事無く、自ら取りて欲しかりたのじゃ。それ由のこの方の艱難辛苦でござりたのであるぞ。汝等がこの方をどの様な酷き扱いに成されてもそれでもじっと我慢を致し、ただただ汝等を守護致し、何とかお陰をお授け致して、少しなりと善き方にお向け差し上げたくての、至誠を貫きての願いからじゃ。

今今に至る始源からのマコトに辛きご苦労は、ただただ汝等皆々が、早う『あやま知』に気が付きて、真釣るマコトを取りて欲しいがため、仕え真釣りたのであるぞ。この方は与える一方で取りたるものは一に無く、汝が愛しく可哀想なから、気付け、気付け、と朝に夕に、昼夜にたがわず打ち鳴らし来たりたなれど鳴り成らず、時節はとうに実地の響きに入りてしもうて、残り無くなりてしもうた。

一人も残す事なく気付かせるは遂に出来なんだ。残念なことになりてしもうて遂に一度に一回で改心致させる他無き様となりて、身魂相応のケガレを一度で祓うは修羅の地獄を生きるもならず、死ぬもならずさ迷い行かねばならぬ者、数多居りて、人民様には可哀想でお気の毒で、この方も見ては居られん極みにてあるが、愛しき我が子をこの手で屠《ホフ》る、修羅の地獄のそのまた下を、慙愧慟哭《ザンキドウコク》堪えに堪え、血の涙を流し支える大神の、至慈至愛の御心を、少しは察して下されよ。いたらなんだところは、始源から、汝等を支えるために陰に回りて、艱難辛苦のご苦労を、至誠貫きつくし参りた、元つ神々のマコトに免じて許して下されよ。解かりたでござろうが。今今の時申すは、マコトの淵に辛うじて残りある者を最期の最後のご守護を出して、あちらに一人、こちらに一人と拾うて居るのじゃ。このヒノモトも、今今は獣と人とに分かれありて居るなれば、先ず先ずに汝等お一人お一人が、自ら神のお宮と鳴り成されて下されよ。汝が心底この方について参りて居るなれば、既にご守護を出しあるのじゃ。気付きあれよ。汝の感謝の響きが糸にてあるのぞ。感謝の響き大切にしおくれよ。汝を救う命綱じゃ。

聞く耳出来たか。これより火水（カミ）の火水（ヒミツ）のマ釣りの事を段々に、語りて伝えて参るなれど、学や知でこのフミ読むはご無念が来るぞ。汝等の知りたき事どもは必要ありせば汝等が、マコトの響き鳴り出す相応に、必ず知らせ取らす様、致してあるから、安心致して、何でもかんでも心急《せ》けてもこのミチが一番早くマコトに戻れるのであるぞ。遠回りじゃ思いても、今までの思いザマでは、ミロクに至るは叶わぬぐらい解かりたであろうから、真ス直一筋にこの方について参るが善いぞ。読み進む先々に、解からぬ事も数多出てくるやも知れぬが、解からぬ申して、いつまでも同じところに囚われ居りてはならぬぞ。このフミ総てで一如の響きに真釣ろう様成りて居る由、逆も言えるからぞ。一つの響きが取れたなら、徐々に総ても響きて参るから、解からぬところはそのままに進み参りて善いのじゃぞ。この方は文字にて伝うを望みてないのであるが、汝等の中にも未だ、学や知やお金で、どうにか成る思いてる、アタマの腐りかけてある者やハラの腐りかけてある者も居る由、くどう成りてしもうは、そ度許して下されよ。

出来の悪いお子ほど可愛いのじゃ。この方、悪しきお子も可愛いのじゃ。この様な申し様は悪神じゃ申す者も居られようが、思いもなして見なされよ。汝等皆々この方のお子でござるのぞ。この方は至誠至愛じゃ申して居ろうがな。善も悪も抱《ダ》き参らせる大き真釣りの心に成りて下されよ。その方等の申す善悪は『あやま知』の申す善悪であるぞ。中身はからっぽにござるよ。善悪ある思うは心の曇りた証にござるのぞ。心病みて無くれば真釣りあるのみによりて、善悪はないのぞ。至善のみじゃ。これ解かるか。心『あやま知』に囚われて居るが由、やる事、成す事、善悪に分かれてしもうのぞ。心もともと【力のお宮】でござるから、汝等から見れば、善成るハタラキも悪成るハタラキも出くるのじゃ。なれど、ハタラキに善悪無く、汝等の心のお宮に曇りあるだけにござるのぞ。心のお宮の曇りケガレ祓いて下され申すも解かるであろうがな。スミキリて参れば善悪無き事解かりて来るのじゃ。彼の者共も神の御子でござるが由じゃ。切り捨つるはいと易き事なれど、それでは元つ天地の大神様に済まんなり。汝の真中にも済まんなり。

今ザマの数多の人民様が、酷き有りザマと成り果て居るを、この度の仕組みを統《ス》べ真釣る、神の仕組みのイロハから、じくりと真釣り説きて伝うる程に、汝等は間違うても酷き有りザマと成り果てぬ様、心急けても汝の『あやま知』出さねで、マ素直について参るが汝等の、ミロクに至る鍵鳴るを、心に響き置き下されよ。

こ度の事が解かるには、真先に【真釣り】あるを知らねばならんから、真先に申し置くぞ。【真釣り】言うぐらい知りて居るわい、なぞ申して居ると、この先天にも地にも住めん程の、恥ずかしき思い致さななら無くなる由、くどう念を押すぞ。マコト【真釣り】あるが解かるは、こ度に至りた経綸を知りて無くれば適わぬ事ぞ。古き教えにありては、末代解からぬ事でござるから言うておるのぞ。

真釣りの初めは神ざ申すこと、ハラに入れて下されよ。神の初めは真釣りざ申しても善いぞ。神の基は火と水の、ふたつのハタラキ真十字に組み結ぶが基なり。火のハタラキと水のハタラキの真釣りが、神のハタラキの基じゃ申して居るのぞ。こは万古不易の神法《オキテ》なるを忘るなよ。神も含め汝等も、万象万物これあるにより、ありてあるを、ス直に知りて取られて下されよ。

火と水の真十字に組み結んだ中心を【真中《マナカ》】申すのぞ。こが万象万物を産み有《ウ》無《ム》ところ、神、無限力徳の御座《ミクラ》であるぞ。汝の真中も同じ御座なるを知りて下されよ。スミキルお土のハタラキ現れて、元つの響きの産土の鳴り出るところじゃ。

善いか、火〔|〕と水〔一〕が真十字に組み結びた素型《スカタ》〔十〕を火水《カミ》、カミと申すのぞ。お土《ツチ》申すは、火と水が真十字に組み結びた素型を、スクリと真すぐに立ちある様〔一《イチ》〕力にてご守護致す由、十と一で〔土〕と型示しあるを知りて下されよ。これ解かるか、マコトの神真釣り申すは〔十〕がスクリと真すぐに立ちてある〔土〕の有り様も伝えあるのぞ。しかり聞きあれよ、こはこ度の事に関わりて、肝腎要の要石の基にござるから、聞き流しおりてはマコトは取れんぞ。真中のマコトの御ハタラキをご守護致す由、お土を真中にお入れ致し、火土水〔ヒ

トミ）と成すがマコト真釣りた素型にてあるぞ。一二三（ヒフミ）の事じゃ。マコトの事を申すのであるよ。

　マコトの神真釣り申すは〔十〕がスクリと真すぐに立ちてあらねば適わぬ申すこと解かりたか。今今の世はマコトの真釣りが傾き居る由のタテカエなれば、お土のハタラキが肝腎要の要石の基にござる、申すも解かるであろうがな。汝ご自身の事も、世の事も、こ度の事も総ての総てが、火土水（ヒトミ）のマコトに気付き来れば段々に、解かり参りて来る程に、汝の思いを出さずについて参られよ。

〔足場〕の〔足場〕の〔足場〕の【あ】なる火土水の事からおさらい致すぞ。

【火・土・水】申すは正しく【口《ク》・心《シン》・行《ギョウ》】の事にてもあるぞ。三真釣る基でもある申して居るのじゃ。汝等このフミ読むに、言の葉だけをバラバラに拾うてはならぬぞ。このフミ総ての総てが響きにて一如に繋がり居る由、注意致し置くのじゃ。お土、申せば心と同じ響きなり、同じ御ハタラキをなさる御座なり。幽《ユウ》の御座も、月の御座も、一二三（ヒフミ）の二（フ）も同じ力のお宮の御座にござるよ。総ての構えの同じ御座に響く由、総ての構えに真釣ろう響きなり。ひとつの真釣りた響き申すは、総ての構えに真釣ろう響きじゃ。バラバラに拾うてはならぬ申すこと、解かるであろうがな。大事な事由、心に留め置き進み参られよ。ス直について参れば後々気付きて来る程に、今今解からずとも案ずる事は無いぞ。

火土水（ヒトミ）の事を今少し申して置くぞ。真釣りたヒトミ。真釣りて無いヒトミとあるなれど、汝等の瞳に映る総ての総てが火土水（ヒトミ）であるぞ。汝も物も、汝の眼前に繰り広がる総てのことにてあるぞ。そは火土水（ヒトミ）のマ釣り組み結んだ型の現れであるぞ。火水（カミ）の顕現そのものにてあるを解かりて下されよ。火おろがめよ。水おろがめよ。結び組み成すお土おろがめ。

申すも解かるであろうがな。汝の瞳に映る総てを、火と水とお土の、マコト結び成すハタラキで、汝が見、聞き、嗅ぎ、味わい、触れある、総てのマコトを組み真釣り結び産み成す大事な基であるを忘るなよ。こに気付かねば心病み曇り総てが狂うぞ。

今様に思い為し、汝の瞳閉じられよ。瞳開かれよ。瞳に映る総ての火土水（ヒトミ）に至善と頭が下がる様に成りて下されよ。汝等皆々生かしある、陰にて支えるハタラキに、感謝の響きを忘れて居る由、火土水（ヒトミ）のマコトが取れんのじゃ。今よりは狭間《ハザマ》狭間に気を付けて、火土水（ヒトミ）おろがむ心持て、下がり支えるお土見て、敬う気持ち湧き立てば、感謝の響きに成り鳴りて、共に真釣ろう陰徳の、喜ぶ響き聞けぞかし。汝等がこれまで火土水（ヒトミ）の幾許かを崇《アガ》め真釣ろうて居りたは、ちいともオカシキ事にては無いのぞ。この方からも今今に御礼申し上げるぞ。汝等の生かし生かしある基に気が付きて、ス直に心清まりスミキリて、マコト真釣りて居りたなら、人でも物でも、お金でも、真釣られありた火土水（ヒトミ）等は、嬉し喜び感謝して、汝をご守護し陰徳を、授け参りたでござろうが。アタマで作りた信仰は身欲の悩みを逃れんが基なれば、御身の保身が先にあり、汝等を生かし生かしある基に、真先に感謝が出来ぬ臭き魔釣りぞ。

今世の火土水（ヒトミ）申すは可哀想であるよ。人民様に作り出される今ザマの火土水（ヒトミ）曇り多き由、哀れであるよ。火土水（ヒトミ）皆々清く結ばれるが願いであるのぞ。マコト真釣るが願いでござるのじゃ。火土水（ヒトミ）は総て、ご自身の瞳と同じにごさるのぞ。マ釣ろう響きが出てござるのじゃ。宿りてござるのぞ。大事に愛《イト》うてやりて下され。善き響きにて創りた火土水（ヒトミ）は善き響き出して居るぞ。悪しき響きにて作りた火土水（ヒトミ）は悪しき響きを出して居るのじゃ。悪しき響きが宿りて居る。情けのメグリが宿りて居る申して居るのぞ。汝の心の持ちザマ次第で、マ釣ろう響きが、真釣ろう響きに成るか、魔釣ろう響きに成るか決まりてくるぞ。気を付けねばならん事ぞ。

瞳に力あるいうは、映す火土水（ヒトミ）に関わりてある事なれば、映す火土水（ヒトミ）に気を付けて下されよ。悪しき火土水（ヒトミ）映し望むは悪しき力、瞳に宿るぞ。マコトの火土水（ヒトミ）映し望むはマコトの力、瞳に宿るのじゃ。なれど結ばれし火土水（ヒトミ）に善悪は無いのぞ。火土水（ヒトミ）を悪しく作るも、使うも人民様ご自身であるからぞ。由に申して居るのじゃ、いかな火土水（ヒトミ）と言えども、おろがみて下されよ。そうで無くれば火土水（ヒトミ）が可哀想であろうが。善き様に使うて上ぐるが出くるなら、使うてやりて下されよ。そが真釣りて差し上ぐる事にもなるのじゃ。汝の真釣りも相応に清まるが出くるのぞ。

火土水（ヒトミ）に気付きて、何にでも感謝の響き鳴り出る様になると早いぞ。お陰が一々ついて来るが解かりて来るぞ。可哀想に組み結ばれた火土水(ヒトミ)にも感謝の響きを出して居ると、神の心も段々解かりて来るように成るのじゃ。可哀想な火土水（ヒトミ）を真釣り上げたく思いても、今の汝の一力にては、組み替え結ぶは難儀であるを知るが由、汝が代わりて神にすがり「次には真（マコト）持ち、スミキリた善き真釣りで結ばれありて、美しき嬉しサマと鳴り成る様」三《ミ》真《マ》釣《ツ》り意《イ》乗《ノ》りて上ぐるほど、気高き響き鳴り鳴れば神と共に鳴り響く、気高き真釣りの神宮(カムミヤ)に、至るイロハを備えたり。神の心が解かりて来るから神の響きと違うものが解かり、タテワケ出くる様に成るのじゃ。ざから相応の神徳、神力お授け出くるのぞ。汝も三真釣り持ち行きて早う鳴り鳴り参るが善いぞ。

神の渡せし【糸】申すはこの事にてあるのぞ。〔火〕・〔土〕・〔水〕それぞれバラバラの事を申すので無いぞ。〔口〕・〔心〕・〔行〕それぞれバラバラの事を申すので無い言うて居るのぞ。【火・土・水】を一つにマツリ縫いて一如に真釣るハタラキと、成さしむ【糸】の事にてあるのぞ。【口・心・行】を一つにマツリ縫いて一如に真釣るハタラキと、成さしむ【糸】の事にてある申して居るのじゃ。この方の申すこと、何でも一度でス直に聞き入れなされて、その通り行いて居らるれば、どんどん太く成り行く【糸】にござるのぞ。その様になされて居らるれば、お陰がお陰を呼びて、神徳が神徳を呼びて、神力が神力を呼びて、早う神と共に鳴り響く、気高き真釣りの神宮（カムミヤ）と、鳴り成れる様に仕組みある、マコトの思【イ】を繋ぎ【ト】む。ミロクへ連なる【意止《イト》】にして、尊き響きにおわすを知りなされ。

この世に出回りおる『糸』申すは、身欲な思《イ》を繋ぎ《ト》む。魔釣りに連なる醜き《意止》にござるから、出くる響きは〔口〕・〔心〕・〔行〕真釣る一如のハタラキを、身欲を基にチグハグに《我善し》力で縫い合わせ、真釣り外れたほころびを、更なる身欲で縫い合わす、末代ほころぶ継《ツ》ぎ接《ハ》ぎの、滅びの響きを奏で来て、末期の今世に至るなり。汝等皆々、早う魔釣り縫うを止めて下されよ。最期に至りてまで逆に進みてどうするのじゃ。特にご注意致し置くぞ。

【火・土・水】申すは正しく【口・心・行】の事にてもあるを申し伝えあろうがな。なれば火土水（ヒトミ）を真釣りた申すは、口心行（クシンギョウ）を真釣り行じた申すに、同じ事にてあるは解かるであろうがな。汝等皆々このフミ読むに「ひとつのマコト真釣りた響き申すは、総ての構えに真釣ろう響きじゃ」申した事よもや忘れて居るまいな。マコト真釣る申すは、総てのマコトの響きと一如鳴るを申すのじゃ。それ由、バラバラには取らいで下され申して居るのぞ。

火土水のお土が曇れば、結びたる火水も曇るぞ。日月地の月が曇れば、結びたる日地も曇るぞ。神幽顕の幽が曇れば、結びたる神顕も曇るぞ。霊力体のお力が曇れば、結びたる霊体も曇るぞ。口心行の心が曇れば、結びたる口行も曇るのぞ。解かりたでござろうが。心、曇りて居れば組み結びた花々は、ケガレ負いたる仇《アダ》花《バナ》となりてしもうのぞ。可哀想でござろうが。早う、心、清め清まりて下されよ。

心スミキリてマコト真釣りて結ぶを一二三（ヒフミ）申すぞ。マコト真釣りた息吹の事ぞ。真言《マコト》であるぞ。生《イ》く言魂《コトダマ》の事にてあるよ。マコト真釣りた火土水いうは剣《ツルギ》のことにてもあるのざぞ。邪をハライ、マコトを顕す草薙《クサナギ》の剣の響きのことにてあるのじゃ。日々の、狭間狭間に汝等の、瞳に正しき宿る様、心清まりスミキリて、映る火土水の諸々に、感謝の響きを出しくれよ。情けと花を持ち行きて真釣るマコトの尊きに、思いを至して下されよ。マコトの玉を手中になされよ。

どうじゃ。真釣るマコトの一如なる、鳴り鳴る響きを真釣り成す申すは、それぞれの【火・土・水】一如に真釣り縫う事にてあるは解かりたな。これよりは火、土、水を【口・心・行】に真釣り縫うて伝え参るなれば、汝等の日々の心の持ち様をキチリ、タテワケ致して行く程に、くどうなりても辛抱致してついて参られよ。後に伝うる事どもは、こを得心《トクシン》なされて、安心なされて行じられる様、明かし伝え知らせしものなるを、今今に知りて置かれるが善かろうぞ。

【真釣り】成す申すは、唯ただ、マコトの響きが顕れ鳴るを申すのであるぞ。【鳴る】は、成るの生きある響きの鳴り鳴りある姿を申すのじゃ。これ解かるか。

【三真釣り】成す申すは、真釣りたものが正しく調和に結ばれる様〈支える火の御ハタラキ〉〈結ぶお土の御ハタラキ〉〈現す水の御ハタラキ〉三つ総てを一つに和し響かすことにてあるよ。和し響くとはマコトが顕れ鳴ることでござるぞ。一二三のことじゃ。成り響き鳴る弥栄《イヤサカ》の真響《マヒビ》きであるぞ。全一如《ゼンイチニョ》申しても善いぞ。一如申しても、和し鳴る響きは全くの一つの音色にござる。解かり易う伝うるに全一如申して置くぞ。マコトの響きの言魂【口】が必ずタテワケありて、スミキリた【心】で、そが言魂をスクリと立て持ち、口に違わず【行】に組み結び現し行くが、三真釣り持ち行くいうことでござるのぞ。こが一如の真釣りぞ。

〈支える火の御《ミ》ハタラキ〉必ず立ちありて〈現す水の御ハタラキ〉正しく顕るは解かりたか。こを正位《セイイ》の構え申すのじゃ。くどう申すは反対に、タテヨコ逆さに組み結びては、マコトのものは何一つ産まれはせんからぞ。こを逆位《ギャクイ》の構え申すのぞ。不調和もたらし、汚泥混濁《オデイコンダク》の世と成らしめるがオチであるぞ。今世を見ゆれよ、末にはほどくしか無いものばかりでござろうが。万古末代副《ソ》わねばならぬ、天地のコトワリを外して居りては、こ度越えるは適わぬ夢にござるぞ。

汝等皆々、お一人お一人、何かの事どもを支え居るであろうがな。汝等ご自身が支える基でござるなら尚の事、軽き思いや言の葉で、成すは適わぬ事ぐらい、百も承知にござろうが。なれば、在りて有るモノ支えるは、いかなる力におわすのか、思いをなして見なされよ。下がりて裏で支え成す、尊き御力《ミチカラ》知れぞかし。

火の御ハタラキが、下から支える裏の御ハタラキ〔▽、陰《イン》の構え〕にござるよ。

火の御ハタラキ申すは、一《ヒ》なるぞ。神なるぞ。霊なるぞ。日なるぞ。口なるぞ。火の位に座されます御力徳におわします。万象万物【正化《セイカ》】さすご苦労の御ハタラキであるぞ。こは父の御役じゃ。至誠大愛《シセイタイアイ》の御役にござるよ。下から上へ燃え立ち昇る如く、ご自身は下の下の下に下りて、見えぬ陰の存在と成りて、何かのことを背負いご守護致し生かし活かして、背負われてるものが得心致して、不平不満も無く安心致して生きある様、下から上までスクリとマコトをタテワケ立て、ご守護致すこの世の基の御ハタラキを申すのであるぞ。マコトタテワケルご苦労がその基じゃ申して居るのぞ。万象万物【正化】の基なれば、火の一旦発せらるれば、正味の形に結ぶまで、響き鳴り鳴りて居るのぞ。そはマコト少なければ、末はメグリに鳴り成り結ぶもあるいうことにござるぞ。こは決して忘れんで下されよ。心曇りて、火、傾けばマコト少のう成るのぞ。火、ヨコに成るればマコトタテワケ適わず、汚泥混濁の世と成るは解かるであろうがな。それ由、火はスクリと真すぐに立てねばならぬのじゃ。情けの裏にてマコトを支え、花の裏にて散らぬマコトを咲かす響きが火の音色じゃ。【口・心・行】にありては【口】が火のハタラキの御座なるを知らせ置くぞ。言魂の響き大事に慎み深く使うが善いぞ。

魔コトの思いを持ちて、神の御前《ミマエ》で申せぬ様な【行】いを図るが如きなさり様を、逆位の構えの『魔釣り』申すのぞ。そは、真コトの御座なる【口】の座にウソを据えるが事にてあるぞ。そは正位に座《マ》すは適わぬ魔コトを、正位の御座に据え置きて、そをマ釣りの基に成すをいうのぞ。魔コトを正位に位させ、真コトを外に追いやるがその事じゃ。こは恐ろしきことであるを知りて下されよ。【口】の座申すは、真釣りを支える御ハタラキの御座でござろうが。【火の御ハタラキ】の御座にござるぞ。この御座に座るもの、マコト無きは許されぬ由、マコト無くありて座りたるもの、先々可哀想であるぞ。何れ姿形を変えメグル情けと鳴り鳴り響きて、必ず【行】に結び現し、外した真釣りを取り戻さしめる、至誠の極みの御座にござるからじゃ。人民様は、生きある何時かの時々に、自ら至誠の口の座に、数多の不誠を据え置きたを忘れて居られるが由、自らがもろうメグリの真姿に気付けぬのじゃ。こは元つ真釣りの、万古不易《バンコフエキ》の神法なるを知りて下されよ。

火を見やれよ。火は総てを焼き払い、マコトの響きのみをタテワケ残す型示しにてあるぞ。万象万物正化の響きをタテワケご守護致すが大事な御ハタラキじゃ。【口】に出した事どもは違えず【行】いて下されよ。【口】を慎みて下され言うはこの事あるが由じゃ。【口】は火傷の元ぐらいに思いて慎み行くが善かろうぞ。

マコトをタテワケ支えるハタラキを護持致すは、《身欲》に囚われぬ強き心を持ちて無くれば、適わぬ事と知り置かれよ。自らは金の家から、銀の家に移りても、銀の家から、銅の家に移りても、マコトのモノしか残さぬ、火の浄化の御ハタラキなるに気付きて、ミタマ相応のお鍛えにござるから、何事にも感謝の鳴り響く気持ちで、マコトを支え行じて下されよ。下に下りても感謝の気持ちを持ち行くは、大層な神徳が支え真釣るぞ。自らを下に下に下げ行きて、支えるハタラキに仕え真釣るは、この世の基のハタラキなれば、身欲を控えて成し参る、尊き我が子を見過ごす様なこの方にてはござらぬぞ。ドン底に落ちてなお、深き感謝を持ちてマコトを護持致し来た者は、花の咲き行く時節になりたぞよ。万古末代散らぬ花であるぞ。マコト、マコトにご苦労様でござりたなぁ。汝が背負うて参りた苦の種が、今に至りて明《アカ》なに開く時節となりたのじゃ。散らぬマコトの花いうは、辛苦の種を背負うて、長き険しき道を参らねば、咲きは致しはせぬ花じゃ。永き幾再生転生を繰り返し、ご苦労を致してないミタマ申すは一つとてござらぬなれど、ミタマ相応のメグリを持ち居る由、荒ぶる《身欲》に囚われて、今世《イマヨ》に酷きザマと成り鳴りてある者、数多居るのじゃ。今生に入りて益々《身欲》に囚われ居りた者共は、自ら背負わねばならぬご苦労を、他人に背負わせ自らは、易き陽気な道を駆け下りて居るなれど、下りた分だけ苦の種が、重きに増え行くだけのみぞ。段々重きに成り鳴りて、行くも戻るも出来なくなりて、間違えに気付きたところで、マコトのご苦労申すものをなさりて無いから、険しき道は行くに行かれず、この方にすがりて参りても、今の時節は三真釣り持ち来て下さらねば、どうする事も出来はせんのじゃ。人民様、マコトの道のご苦労の万分の一のご苦労なりと、三真釣り持ち行くご苦労で成し参りて下されよ。そうで無くれば真釣りを支える火のハタラキが、どうありても取れぬから申して居るのぞ。支えるハタラキが心底解からねば、マコトのタテワケは出来はせんぞ。

もともと背負わねばならぬご苦労の種でありたものを、先に楽に走るから苦に結ぶのじゃ。それと申すも、ご守護の神が楽をして居るからじゃ。神がラクを致し居りては苦に結ぶいうて居ろうがな。なさり様が逆様であるから、総て仇花に結ぶのじゃ。そんなザマでござるから生く先々で咲く花は、咲いた先から散り行くのじゃ。首すげ替えられる様なザマにありては人民様に恥ずかしいぞ。マコト支えるご苦労を、堪えて参りた気に鳴る花は、マコト響きて美しかろう。花は散るのが美しい等と打ち興じて居る者共は、心が仏魔《ブツマ》の魔やかしにすっかり囚われ居りて、マコトの解からぬ者に成り下がりて居るぞ。散る気を愛でずに咲く気を愛でよ。汝等の心得違いを散る花に、託し見せて参りたなれど、仏魔にすかりだまされて、解かる人民ほとんど無いから、木之花《コノハナ》が可哀想であるよ。それでも毎年咲かし生くは、神のマコトの情けと花を、知りて解かりて欲しいからであるぞ。ヒノモトの花は涼けく清らかに気高く透けりて薫り幸はう。お気付きあれよ。

水の清きにお気付きあれば、汝等皆々今に醜き今世を馳行きて、成せし事ども詫び行くも出くる響きに鳴れるのじゃが。形と心をバラバラに、分かれ持たれて居らるれば、解かるも難くありてござろう。どうじゃ、少しは解かりて居るか。

水の御ハタラキが、上から顕す表のハタラキ〔△、陽の構え〕鳴るを知りて下されよ。水の御ハタラキ申すは、三《ミ》なるぞ。顕なるぞ。体なるぞ。地なるぞ。行なるぞ。水の位に座されます御力徳におわします。万象万物【成化】の御ハタラキにありて、至慈至順の御ハタラキにてござるよ。こは母の御役じゃ。真釣り顕すご苦労がその基じゃ申して居るのぞ。火の位の響きを受けて、どんな事でも真ス直に形に結び顕し下さる、否と申さるる事の無い響きにてござるのぞ。自らの意にてカタチを顕さるる事の無い、至従至順の極みにておわす由、総てを顕すお力をお持ちなのじゃ。こは解かるでござろうが。我欲がありては適わぬ事ぞ。

水を見やれよ。与えられある器に従い。言挙げもせず、自らの尊きを汚されありても、逆らう事の全き無いまま、唯ただ尽し切る至順そのものにござろうが、至慈ある由の至順にてあるぞ。ス直が総てを顕し育む尊き型示しにござるよ。

水はス直が基の御ハタラキにござるから、主次第《アルジ》で【真ス直】にも『魔ス直』にも鳴るは解かりて下さるな。この御座に、全きマコトの響きを成り鳴らせる御代となるのであるぞ。好い加減のところで手は打てぬ、申すも解かろうが。今今は『魔ス直』の世にてござるから、水の顕すカタチを基と成して正邪のご判断をなさるで無いぞ。美しきカタチにだまされるぞよ。水は万象万物【成化】の基なれば、火の位の響きあらば必ずマ素直にカタチに結び顕すは伝え知らしたな。なれど、マコトの父の火を間違うてはならぬぞ。水のカタチ〈陽の構え〉を火と偽りて、父の火の如く振る舞わせても、マコトのモノは出来はせんぞ。そうでござろうが、水と水が組み結びても流れるだけではござらぬか。末は解けるモノばかりじゃ申したはこの事にてあるよ。【真ス直】にお戻し致すも『魔ス直』に誘うも汝の仕事じゃや。汝等は『魔ス直』だけを知り取りて、水の清きを忘れたのであるよ。水の清きを忘るるは恥ずべき事ぞ。水の尊きを汚し行くは神に仇成す事にてあるぞ。今今に水を敬い崇め真釣ろうて、水の清きを取り戻されよ。

どうじゃ。少しは恥入りて参りたか。情けの表にてメグリを顕じ、花の表にて望む万象咲かす響きが水の音色じゃ。【口・心・行】にありては【行い】が水の御ハタラキの御座なるを知らせ置くぞ。自らの行いをよう見られよ。マコト火の浄化は必要無きか。汝のマコトが行いに、成り鳴り響きて居るなれば、汝に仇成す悪しき響きは汝に至るは出来もさん。何事にも節度を持ちて水の清きを忘るなよ。

水の清き尊きは解かりて下されたか。水は火の位に何様か座しあらねば、産まれ来ぬ御ハタラキであるを今今に、シカリとハラの底底に入れなされ。こを汝等は解かりて無い由、水の御ハタラキを、水の御代ざなど申して悪しく申す開き盲が居られるが、この方、水の御代になぞした覚えは無いぞ。人民様が勝手に自ら心曇らせ、汚してはならぬ清き水を『魔ス直』に誘い、ホドケの世となさしめたのでござろうが。霊主心従体属《レイシュシンジュウタイゾク》申すは、お題目にてはあらざるぞ。活き生き鳴り成るマコトの響きぞ。(火(土)水)《スサナルマナカノカミ》じゃ。火の位に何様か座しませば、水は属なる由、副うてマ釣るが御ハタラキにござろうが。善いか、身欲を真中の基に居座らせ、心の御座を曇らせし汝がご自身が悪かりたのじゃと、気付くが大事ぞ。

　真釣る位順の大切なるは、後々いや言う程味わうことになるから、今今に気を付けて置くぞ。何によらず、どんなことであろうと、火の支える御ハタラキ〔▽・陰の構え〕を先にタテありて、後、水の現す御ハタラキ〔△・陽の構え〕をヨコ真十字にスクリと真すぐに立て組みて、万象万物を正しく産み成すが、万古不易の真釣り【⊙】の基と、キッチリ取りて下されよ。こを【正位正順】の元つマコトの神真釣り申すなり。こをマコトの神の御ハタラキ申すなり。火水を組みたる

〔✡〕真中の御座を何様が統べるか〔✡〕によりて、汝の真中よりい出来るもの、正花と成るか悪花と成るか、決まりて来るのじゃ。真コトを真釣りたハラが統べるか、魔コト（ウソ）を魔釣りたアタマが統べるか、正位正順を成し居るか、逆位逆順を成し居るかによりて、統べる主が決まりてしもうのぞ。陽気な気持ちで構えておりたら、あっと言う間に蛇が上るぞ。

汝等の今迄の成さり様は、火水は善いのじゃが、陰陽が逆様じゃ。そは魔釣りぞ。マコト無きところ、この方は容赦は致さんから、早う気付きて下されよ。

先に魔釣りと組み成した水の御ハタラキ〔陽の構え〕をタテ、後に火の御ハタラキ〔陰の構え〕をヨコに組みては、万象万物、正化致すは適わぬことと知り置かれよ。マコト無きが由なり。汝等皆々、万象万物成り立ちある思うて居ろうが、そは悪化に結びたことどもを指し申して居るのぞ。【正位正順】の真釣りにて組み結ばれしものを正化と申すなり。万古末代散らぬ花を正化、正花と申すなり。【逆位逆順】の魔釣りにて組み結ばれしものを悪化と申すなり。咲いた先から散る花を悪化、悪花と申すなり。そのままにし置くれば、ケガレ益々逆巻きて、自らに滅びの調べを奏で行くばかりでござるから、ミロクの御代に入る前の、末には解くか無い申して居ろうがな。こ度の事がその末と思い至りて下されよ。

　人民様申すものは、由ありて寿命短き上、楽な身欲の事ばかり思いて居りて、悪化であろうが、悪花であろうが便利であればそれで良い。なぞと申して居るが、好い加減に致せよ。汝等の真中は生き通しのマコトであるを忘るなよ。人民様の利便を追う心根申すものが、いかにこの地を酷きありザマと致したか、この方はよくよくに知りて居るのぞ。こ度はその目、その身に辛きも酷きも、いやと言うても許さぬ程に解かり取らして差し上ぐるから、ハラを括《くく》りて待ち居れよ。

今様の世申すは後数年の事でござるから、早うマコトの真釣りに気付きある様励みて下されよ。これからの御代申すは生き居る者も、死に居る者もマコト無き者にとりては、辛いだけの御代となりてあるを知り居るか。三真釣り持ち行きマコトに結ぶご苦労を、成した者と成さぬ者。ハキリ、タテワケあるを今今に知りて下されし。それ由に元つ正位正順の、マコト、マコトの神真釣り、知りてもろうて魔釣りから、放れるお力自らに、お持ち成されて日々に、三真釣り持ち行き行き結ぶ。マコトの響き少しでも、成り鳴る程に成りて欲しいからのご苦労であるぞ。

少しは解かりて下されたら、今までの思い様サラリと捨てなされて、三真釣る基を早う知りて取られて下されよ。火のマコトを立て持ちて、水の清きを顕すは火水結び組みたる真十字を、スクリと真すぐに立て持つ御力ありての事でござるから、お土の御ハタラキ大事にてあるぞ。火土水のお土じゃ。真中透けるが鍵ぞ。

お土の力の御ハタラキは、火と水のマ釣り結びた素型を、スクリと真すぐに立てなさる〔・、真中の構え〕の御ハタラキにござるは、伝え知らせて参りたな。お土の力の御能《ハタラ》き申すは、二《フ》為すぞ。ユ産為すぞ。力為すぞ。対《ツ》基《キ》鳴るぞ。心なるぞ。結び解く御ハタラキざ申しても善いぞ。万象万物【産む】御ハタラキじゃ。こが神の大事な御役ぞ。火水マ十字に組み結ばねば何事も産み出すは適わぬなり。こが神の真中の基なり。真釣るご苦労がその基じゃ申して居るのぞ。マ十字に組みた真中を中心に、火はヒダリに水はミギリに、それぞれ逆に回らむを、回る力を真釣りして、火立てスクリと結び成し。万象万物産むところ。尊き力の座すところ、力のお宮と申すなり。スミキリて、結ぶ響きが救世の、こ度に鳴り成る神響き。こ度を救う要石。真釣るお宮の要石。汝を救うが汝の真中のお宮にござる。

こ度は真釣る十字が万古末代傾くことの無き様、元つ仕組みの花開く、救世の響き鳴り渡る、地のへの王の王の王のご神力、成り鳴る尊き力徳の、響きスクリと顕じなされて、万古末代ご守護なす、ミロクの御代と致すのであるぞ。

情けの真中にて真釣るを取らせ、花の真中にて真釣る慶びを産み有む響きがお土の音色じゃ。【口・心・行】にありては【心】がお土の力の御ハタラク御座なるを知らせ置くぞ。心スミキラねば口にマコト立たず、行い偽りに結ぶのみぞ。

汝の真中申すは火水の無限絶対力徳を顕じなさる、大事なお宮にござるは解かりたか。火水真十字に組み結ぶお力ありての事でござるから、スミキリてあれば汝の思い成する事、皆々マコトの形と組み結び成りてこの世に現すも自在なるぞ。この方の宮内《ミヤヌチ》でもござるぞ。スミキリてあれば、この方と共鳴り致す響きのお宮、産土の力のお宮にておわします。火水《カミナ》成る汝の御座にござるを知りて下されよ。神幽顕貫き真釣る響きを発動しなさる、基の御座でもござるのぞ。真釣る素型は、産土力《ウブスナリキ》を顕じなさる火水の真十字を、右りに左りに傾ける事無く、真すぐにスクリと立てあるをいうのぞ。感謝の響きがスミキル響きじゃ。スミキリてあれよ。汝等の善き思い様も、悪しき思い様も産み出し下さる御ハタラキなれど、マコトのものを産み結び成すには、火水組み結びた真十字、スクリと真すぐに立ちて居らねば、マコトのものは産めぬ申したであろうがな。汝等の思いザマに曇りある程に十字傾くを、汝等皆々、今今に、肚《ハラ》に刻みて忘るなよ。十に一つの残りたマコトを、十に二つ、十に三つ、十に四つ、十に五つと日々に、心を磨くご苦労を、日毎にスミキリスミキル様、掃除一番思いて、ここ一番の苦心行ざ思うが善いぞ。汝の心が曇るは、気付けぬ程に《身欲》が基の『あやま知』に、囚われ居るが由にござるよ。生かされある汝等が真釣りて生くるに、身欲は必要無かろうが。月を見やれよ。月の御座申すは汝の心の御座にござるのぞ。スミキル型示しなれば冴え冴えと、清きリンたる響きにて、汝の心を映すなり。月の鏡は曇りて無いか。月が陰るは汝等の身欲の影にてござるのぞ。心は清く涼けくあるが善いぞ。心のお宮が曇りて居れば、汝の成す事、思う事、総て悪花に結びて居るのじゃ。心のお宮が曇りて来ると、右りの勢い強くなりて十字が傾き行きて『×』となる。汝等が《身欲》を基にご苦労から逃れんと、『あやま知』使うて『利便』に走りたが【メグリ】の始まりと知りて下されよ。《身欲》が曇りの産みの親じゃ。

解かりたでござろうか。三真釣り持ち行く申すは、元つ天地の真釣り成す、マコト至善のコトワリを、身欲を控えて聞き戻し、火のマコトをタテワケル、真釣り支えるハタラキを、スミキル心に立て据えて、水の現す御ハタラキ、副うて控えて真釣り和《ワ》す、水の清きを顕ずるが、マコト、マコトの三真釣り申すのじゃ。【口・心・行】を違えず、行に一如に真釣り縫う事じゃ知らせ居ろうがな。

三真釣り持ち行くに、心スミキリあるは、こ度外せぬ肝腎要の大事にてあるが、マコトをタテワケ、真釣りを支えある火の御ハタラキ、強く護持致して下されよ。今ザマの人民様申すは、口の御座の尊きを知りて無いが由、自らにご都合の良き嘘をつく者、ぐちぐちと自らの辛きを嘆く者、数多居られるが、周りの者が心配なさる様な事どもも、ご自分の事しか頭にないから平気で申されて、そ度、自らにも、周りにも、不調和の響きバラ蒔いて居るのじゃぞ。口の座にまし座す火の御ハタラキ申すは、真釣りを支える強きご苦労の御役なれば、ウソと言う事は申されず。虚言《タワゴト》や弱音を吐き居れば、キッチリそれだけのメグリをお渡し致すのぞ。真釣りを支える強きマコトの言魂以外、座すは許さぬ神座《カミクラ》ざ申した事、今一度ハラにお入れなされよ。汝等が虚言あれ弱音あれ、吐くは汝等の勝手なれど、そがために巻き込まれ、作らいでもよいメグリを他人に作らせ参るは、マコト心卑しき業なれば、少しはマコトを出されて、ご自分の事より、他人を支える火の御ハタラキを、口の御座に座さして下されよ。真釣りに仇なす不調和を、バラ蒔く者と成るよりは、調和をふり蒔く者と成りて下されよ。土台が狂うてござるぞよ。口受けて心動くのぞ、心動きて行成るのぞ。【霊主心従体属】であるぞ。【口・心・行】のタテワケも出来て無くれば、口の御座に火の座されるマコト、マコトの神真釣る、マコト一如のハタラキも、成すは適わぬ事になるぞ。そのままにありては汝等の歩み行く所、段々狭く成りてしもうて、しまいには足場まで無う成るやも知れんぞ。そは汝等の足場申すが『あやま知』土台に作りあるが由なるぞ。『あやま知』の響き今今は、タテカエの末期であるぞ。どんどん暴かれ消え行きて居るのが解からんか。何時までも『あやま知』で作りし、土台に立ちて居りては落ち行くだけでござろうが。三真釣る行いがマコトの土台ぞ。鳴り出す響きがマコトの足場じゃ。【足場】早う創れ申すこと解かりて下されよ。【足場】は【ア】じゃぞ。コトの初めであるぞ。言魂であるぞ。鳴り成る響きであるぞ。三真釣り持ち行かねば、マコトの響き出すは難いぞ。三真釣り持ち行くその事が【足場】のタテカエ、タテナオシ、同時に叶える事になるのじゃぞ。マコトの響き、いずる様に成りて初めて、神のお宮と鳴りて参るのじゃ。神のお宮が【足場】でござる。神社の事にては無いぞ。汝ご自身の事にてあるぞ。この世の事は汝ご自身が変わらねば、何一つ変わりはせんのじゃ。今世に残りて居る【足場】、一厘にござるぞ。九分九厘ウソざ申す事、汝、存じて居りたかや。

今世申すは何でも九分九厘対一厘であるぞ。何事も『あやま知』含みて成るものは、精一杯鳴りたところで、九分九厘にて仕舞いであるぞ。どうあがきても十【カミ】には鳴れぬ魔釣り道じゃ。小さき事どもから大き事ども迄、そうなりて居るのじゃぞ。身欲を基の台と成す『あやま知』病みたる母体から、産まれ鳴りたる事どもは、汝ご一人《イチニン》の思いから世界を統べる企み迄、総ての総てが九分九厘で引っ繰り返るぞ。もはや悪の芽切りたから新たな悪は育たぬぞ。芽吹いた先から滅んで行くがさだめであるよ。今今に悪に見ゆるは、悪を使うて悪祓うこ度に使う道具なれば、まだまだ悪の世が続く思いて居ると、怪我をする伝えあろうがな。これからは悪と悪の共食いになりて参りて、悪神も苦しくあるから暴れる程に益々危うき世となりて参るから、汝等は巻き込まれん様に気を付けて下されよ。メグリ多く持ちあると巻き込まれてしもう由、早う自ら清まりてメグリ祓いて下され申し参りたのじゃ。自らに厳しく三真釣り持ち行くが急ける事にてござるぞ。

人民様の真中にありても同じ事が起こりて居るのじゃ。汝、未だ気付かず。なれど汝等は宇宙コトワリのに似素型《ニスカタ》にてある。なれば今今の神経綸の御ハタラキ、そっくりそのまま、汝等の真中にても既にハタラキあるを知りて下されよ。汝等の真中に残りありた一厘のマコト、元つ大神のお出ましに呼応致して、汝の真中を占拠する身欲を基の台と成す、九分九厘の『あやま知』を自ら祓わんと鳴り響きて居るのじゃ。一厘対九分九厘の戦でござるぞ。汝が早う気が付きて、孤立無援で戦する、汝の真中の一厘に、三真釣る行にてマコト出し、透け切る心に火を立てて、真中と一如に共鳴れば、勝てる戦にあるなれど、汝のメグリ必ず暴れるから、一厘のマコト余程しかりご守護なさなば危ういぞ。この方は全く心配ござらぬが、汝等はこ度は自らが清まりて、マコトの少しなりと鳴り出される様に成りて下さらねば、この方も手を貸す事は出来ぬのぞ。こ度は汝等お一人お一人が、自ら三真釣り持ち行き少しでも、清まりマコトを出す事が、こ度の仕組みの要にて、外すは適わぬ事にてあるのじゃ。こをどうありても解かりて下されよ。三歳苦難のタテカエ申すは、神々含む汝等を、一挙に一度に清める事にてござるのぞ。悪を使うて悪を祓うお仕組みなれば、そがために九分九厘までは悪神に、勝ちを持たして上ぐるのじゃ。この方にとりてはこ程楽な事も無いなれど、それでは残る人民殆どないから、くどうくどう申して居るのじゃぞ。この方は人民様の酷きザマ見とう無いのじゃ。この方も辛いのぞ。神、頼むぞ。三歳苦難のタテカエ迄に少しなりともマコト磨きて下されよ。マコト三真釣り持ち来たりて、マコトの響き鳴りてる者は、正神真神のご一統がご守護に回りて汝を支えるから、どんな事がありても起こりても、何のご心配も無いぞ。安心致して見て居るが善いぞ。

何かに付け三真釣り持ち行く申すは、口と心と行いを、少しも違えず行に結ぶことでござるから、【違えず行に結ぶこと】だけを念頭に、身欲損得を捨てて行じて下されよ。考え深くあるよりは、真釣り深くありて下されよ。真釣りに響く考えるは【カミカエル】でござるから、善いのであるが、魔釣りに響く考えるは《我が《ガ》得る》だけであるからぞ。《我が得る》だけでは、益々真釣りを外すだけではござらぬか。神のご用に使う程の者は、我があり過ぎても無さ過ぎても困るのであるから、真中と我、どちらが汝の主であるか、今今にハキリ、タテワケ致しおいて下されよ。汝等の真中と我、同じじゃ思い見なし居りては間違うぞ。〔我〕申すは、汝等生来の色にござるのじゃ。色の響きざ申しても善いぞ。元々のものなれば『我善し《ワレヨ》』思うも『我悪し』思うも、偏りたるハタラキの顕れにござるを知りて下されよ。〔我〕に元々善悪は無いのであるぞ。双方〔我〕を律し切れぬが因でござるよ。双方ご自身の真中を知らぬが由の不手際にござるよ。

汝等皆々〔我〕を空しゅう致されて〔我〕を律するお力、持ちて居るではござらぬか。なれど汝等今今は〔我〕に首輪をかけられ居るを知りて居るか。主従が逆様になりてござるぞ。もともと〔我〕は汝が真釣れば、一如に和し真釣る響きにてはあるが、〔犬〕の如く自らの真中の響きの固持に忠実な響きでござるから、汝が《身欲》を基の『あやま知』に囚われ、汝の真中に《身欲》を据えて居らるれば《欲》の響きと共鳴り致すも道理でござろう。汝ご自身が真中のマコトに気付きて無くれば、真中に居座る《身欲》を主と思うぞ。汝のマコトが命令せなで、いかで汝の真中の本懐が立つ思いてか。汝等がそのようなザマであるから〔犬〕は知らず《欲》に使われ居るのぞ。《欲》を操る者どもが〔犬〕に命令を下し居るのぞ。主に忠実な〔犬〕は〔我〕に命令与えあるを主ざ思う由、《欲》の言いなりになりて居るのじゃ。これ解かるか、汝のマコトの真中で無き者が、犬なる〔我〕を使うて汝を動かし居るのぞ。ざから首輪が逆になりて居る申して居るのじゃ。汝は気付けず、引きずり回される居るも解からぬのじゃ。情け無き申しても余りであろうが。今今の今に首輪かけ換えて下されよ。誰がマコトの主かハキリ、タテカエ、タテナオシなされて下されよ。主人が何時までも気付けぬ、ふ抜けのままにあれば、〔犬〕は慢心致して、これで間違い無い思うに至るのぞ。悪しき《我善し》の誕生でござるよ。四つ足が汝の主となりてしもうのぞ。〔犬〕自ら《欲》を求める様になりてしもうたら、足、早いぞ。転ぶまで止まるは適わぬ馬車馬の如き有り様となるぞ。こう成りては汝の申す事など一つも聞かず、汝に仇成す事ばかり致す様に成りてしもうぞ。〔犬〕が勝手に一人立ちなされた申されても〔犬〕の成したる行状の転びた先の後始末、総てはマコトの主の汝等が、詫びてなさるは解かりて居ろうな。《欲》を抱き参らせた〔犬〕自らが主ざ思う様になりては、自ら求むるものなれば、どんな欲にも手を出すぞ。そに善悪の判断は無いのじゃ。後先の事も無いぞ。総て《我善し》力で押し通す様になるのぞ。

こが『あやま知』操る者どもが、汝の《身欲》に入り込み、汝の真中を占拠して《欲》を使いていと易く、汝の〔我〕を手なずけて、《我欲》と組み成し動かして《我善し》力で得る事が、正しき如くに調教致し参りた果であるよ。されば欲と見ゆれば、後先考えず飛び付く〔我〕と成りて居るのじゃ。早う汝が真中を取り戻さねば危ういぞ。今様の人民様の飼い犬にありては、なまなかな事で聞くような〔我〕にてないから、人民様自ら手厳しくキチリ調教致さねば、三歳苦難のタテカエで、人民様の真中とこの方が、成敗するしか無かろうが。飼い犬の成せしメグリの責総て、主にござる皆々が、自ら背負うは今今に、伝え知らせあるなれば、よもや不服はなかろうまいぞ。なれどこの方は汝を酷き目に合わせとうは無いので有るから、早う調教致して下され申すも解かるでござろうが。

自らの飼い犬をキチリ調教致すは、なかなかにご苦労の要る事にてあるなれど、そもマコト三真釣り持ち行くに、キチリとなさなばならぬ事にてあるのじゃぞ。人民様、今今は他人のマコト無きをなじりて居る時には無いぞ。自らの足元を真先に正さねばならぬ時に入りてござるのぞ。我欲に負けるで無いぞ。〔我〕は汝の臣下《シンカ》にてはござらぬか。汝が早うマコトをタテワケて、善き臣下と成しくれよ。

聞く耳出来たか。今今より先々に注意深くありて欲しいから、大事な事を申して置くぞ。汝等のこれからはメグリ避けて通るは難き事であるが、せめて【真釣り】の何かが取るる迄、何とか無事でありて欲しいから申すのであるぞ。言葉でないぞ。お札でもないぞ。今今の時節はそんなものではども成らんぞ。行いの事を申すぞ。行いで響き出すぞ。響き鳴り成るぞ。汝等ご自身がなさるのであるぞ。

今今より汝等皆々、何に付けご自身の思いは、身欲は最後の最後に致す様に慎みて下されよ。こはこれからに関わりて大事な事であるから、違わず身に備わしめるのじゃぞ。この方からも汝の真中に頼み参らせるぞ。家の内にありても、家の外にありてもそう成されて下されよ。今今は悪しき響きを摘み行く時節であるから《我先》いう響きは《我先にメグリ頂く》いう事に成りて居るを知らせ置くぞ。

いつあれ、どこあれ《ワレ先》の成さり様でありたら危ういぞ。摘み行く響き鳴り鳴り高まり成りてあるが解からん様では、この先既に糸は切れて居るやも知れんぞ。何事か起こりありても堪えられる迄堪えて、他人を先に譲りてやりて下されよ。自分の思いは引っ込めて、他人の思いを先に立ててやれよ。美味しい物も、残りありたら頂かせてもらうが善いぞ。急けて居りても、他人に先にやらせて上ぐるが善いぞ。メグリ既に汝等お一人お一人の足元に添い控えあるのぞ。悪しき響きに呼応して災い装い現れて、辛苦を表に開くなり。情けを裏に開くなり。《ワレ先》いうは《悪しき響き》ざ申して居るのじゃ。今や遅しと出番を狙うてウズウズなさりて居るメグリを、自ら解き放つ様な真似は成さらいで下されよ。世間の流れに逆らわず、けして染まらず、異を自ら唱えず、慎み深く身を持ち行きて、後の方からゆっくり歩み参りておい出なされ。この方が供するぞ。慌てる事は何も無いのじゃ。口を慎み、心を慎み、行を慎み、三真釣り持ち行くことが、汝の足元を祓い清め、メグル響きを真釣る響きに換え行くミチざ申すこと、ハラに入れよ。良いな。口慎しまれよ、心慎しまれよ、行慎しまれよ。

今今、病みにありて、辛き思い致され居る人民様には、酷な言い様と憎まれるを知りて尚、取りて解かりて欲しくある大事な事を申し置くから、カンニンなされて聞いて下されよ。今、暫し身欲を捨てなされて、心スミキリて聞いて下され。

汝等が今辛くあるはメグリ由の型示しであるを存じて居るか。汝等もともと神成る身なれば、神の決まりを破りし時には、気付きある様、情けかくるがマコトその事でござるのぞ。痛き辛きが何で情けであるものか、と人民様申さるるは知りて居るが、今はまげて聞き取りて下され。病みのマコトの因を知りて欲しいからぞ。汲めど尽きせぬ型示しあるも、マコトの因はただの一つであるを知りて下され。そは真釣りを外したが為でありたのじゃ。神の決まりとは真釣りの事でござりたのぞ。ざからマコト、マコトにマコトの改心から、感謝の響き鳴り成り出くれば、その時その場から心が軽きなりて、善き方に向き進むが解かりてくるぞ。マコト気付きありた時、顕幽双方にわたりたメグリ、癒しなさるを花言うぞ。

今様の人民様は簡単に直らんから辛くあるに、気休めにもならぬ戯言《ザレゴト》で病人をかまいて面白いかとまで申さるるは知りて居るが、マコトの事ざから申して居るのぞ。今今の時申すは、病人でござろうが無かろうが全人類一人も余す事なく、次の世紀を待つ事もなく、ここ数年の内にも目も当てられぬ酷き体験をなされて、外した真釣りを取り戻さねばならぬ時でござるから、今今の辛きご苦労を早よう花に致して欲しぃから、一成る花を知りたなら、この方も守護を出すから、新たなメグリが来たりても真釣りて過ごすが易ぃから申して居るのじゃ。

数多ある病も怪我も、すべてメグリ由に申して居るのざから、チョトはス直に聞いて下されよ。いかに医学が進歩致しても少しも病が無くならぬのは、人の生かされある、真釣りを知りてないからであるぞ。火水マ十字に組み結ぶ真釣るハタラキを知りて無いからであるぞ。病や怪我言うは真釣りが揺らぎて十字が崩れて居るから、メグリと成して肉のお宮に型を示されある情けが解からぬから、真釣るご苦労が先じゃ言う事も解からず、始めから形の修繕に入りてしもうて直りた積もりで居られるが、もともとマコトの因は肉のお宮にござろう筈も無いから、いかに現れた果を首尾よく取り除きたところで、マコトの因は増えは致すやも知れんけれど、減りは致しもさんから、今様の医学にてはマコト癒すは出来もさんと申して居るのじゃ。今の世は何事も正位正順が逆様じゃ申して居るのぞ。

人間申すものは、顕幽双方に生かされあるものでござるから、死してもメグリは減りもせず持ち行くものにてあるから、メグリ申すものは今様の医学の手に負えん事位解かりたであろうから、ス直にこの方の申す様にしてみて下されよ。

真釣りが崩れた申すは天地の理法に違反した言う事でござるから、天地の御恩にケジメも取れん様な生き様の時がありたからであろうから、今生《コンジョウ》にて覚え無くありても、今様に型示しあるは現実なれば、違反致し来たりたも必ず事実あるをハラから認めるス直持ちて下されて、天地の御祖《ミオヤ》の大神様に天地の何かの真釣りに外れたる御無礼をお詫び申し上げ、間違いのありたを、今より以上の大難《タイナン》なる前に、気付かせありたご守護の情けに感謝申し上げ、主がうつけなばかりに何の罪科《トガ》も無き尊き神の肉宮に、痛い思いをさせてすまなんだと心からのマコトのお詫びが出くたなら、出くたその時その場からこの方が善き方に向けて差し上ぐるからと申して居るのじゃ。念での操作はしてはならんぞ。気を付けて置くぞ。今様の人民様にありては特に心濁り行きてしもうて、楽なやり方ばかりに頼りて居るから、治りた時の事のみ思い描きて、病治るを図るが如きやりようを唱うる者共に付き従う人民様数多出てくるが、悪に魅入られて居るのじゃぞ。逆様でござるのじゃ。改心申すはそんな事では出来はせんぞ。楽に走らず感謝を持ちて、苦を抱き参らせなば至るは適わぬ改心でござる由、くどう念を押し置くぞ。今今の時申すはマコト持ち行く者は善き方へ、マコト持ち行けぬ者は悪しき方へハキリタテワケの響き鳴り成りて居る由くどう申して居るのざぞ。やって見なされ。この方に二言は無いのであるから、汝等に不治の病申すものは無いのであるぞ。いつまでも水を基の台と致して居るから直らんのであるぞ。病魔申すものはマコトの響き輝き出せば恐ろしくてそこには居られん様になるから言うて居るのじゃ。この方、情けも花もあるによりて申して居るのぞ。ならぬカンニンして下されて、嘘ざ思うところを今一度信じられて、もはや無駄じゃ言うところをまげて気ばりて下されよ。マコト改心なされた尊き御子を一人たりとも見過ごしには致さんから、信じ頼りてやりて下されて。火の基の台と成すマコトの力徳見せて上ぐるぞ。

今に至りて余程、ご苦労の無かりた者は、余程自分に厳しくありて下されよ。今の厳しきに堪え行くが、汝のミロクを開く鍵じゃ。ちょっとやそっとの事が堪え切れん汝であるからこの方は深く心配致すのであるぞ。こ度のタテカエは堪え切れん申しても、どなたも助けてはくれんのぞ。甘えて居りても、死ぬも生くるも出来ん有り様で、狂える程に死にたき程にメグリ背負わねばならぬからぞ。死のう思うても汝の真中が許さんから、その時に入りてしもうたら、可哀想であるがこの方も汝の【真釣り】なしにはどうする事も出来はせんのぞ。この事知りて下されて、この方を恨んで下さるなよ。ご苦労ご辛抱が鍵ぞと申して居ろうが。

ざから申して居るのぞ。今今より一年の行、二年の行、三年の行。言の葉に囚われてはならんぞ。何をなさるにおいても、一二三(ヒフミ)持ち行くを申して居るのぞ。日々のタツキの中にて自らに厳しく、我を捨てて三真釣り持ち行き、行に結びてケガレを祓いて、お陰を取るる程に取りて下されば何とかなるやも知れんから、いつ何時、何が起こりても、相応の覚悟はして居らねばならぬ時節でござるから申して居るのじゃ。今今に出くる事から始めて下さらんと間にあわんぞ。

汝のこの方を慕う心が解かるから、他の何者とも換えられぬ神の愛しき御身なればこそ情けと花にて申しているのぞ。他人のご苦労を知らぬ者は、知らず他人のご苦労の上に立ちて居るのぞ。申し訳無き程の感謝の響きを鳴り成らせ持つ事無く、他人のご苦労の上に立つが【真釣り】を崩す基と知りて気付きて下されよ。自らは他人の為には何のご苦労を致すこと無く、他人のご苦労を奪って生くるを恥とも思わず、好き勝手に身欲に生くるは悪に魅入られて居るのじゃぞ。『魔釣り』た行に結びて居るのぞ。口慎まれよ、心慎まれよ、行い慎まれよ。真釣り深くありて下されよ。〈恥ずかしくありた〉思う程に自ら厳しくご苦労成されば、マコトの感謝の響き言うものが段々に解かりて来るぞ。この方の申す事もハラで解かる様に成りて来るから、自らに厳しくあればある程、お陰一々ついて来るのじゃ。マコト三真釣り持ち行く者には、元つ神の御霊統がキッチリご守護致してどんどん善き方に向けてやるから、今今に心を決め、改心致して間にあう様に生きて下されよ。このフミと縁を結ぶ程のミタマでござるから、見事、鍛えに堪え、堪えに鍛えて下されよ。時が無い由、今今にこの方の申す通りに致すが善いぞ。

この方が、こ程三真釣りなせ申すも、魔釣りた今世に言の葉で、無きが如くのマコトを伝うるは、適わぬ事にて在るからぞ。この方は、元つマコトを真釣りある由、総てと共に在りて有るなれば、解からぬ事とて一つも無きが、総ては総てに真釣り響き鳴りて、共々に鳴り響きなされてお出ませ鳴るなれば、一つの響きは一つにあらず。総ての響きと一如なる由、マコト真釣り結ぶが何程の事にござるか、取れて無き人民様には、どうありても言の葉でマコトを伝うは適わぬ事と知り置かれよ。どう在りても伝えんとなすなれば、汝等の申す禅問答の如き様となりてしもうのぞ。それでは人民様、何が何だか益々解からなくなりた上、気分で解かりた様な積もりになりて、マコトが益々遠のくから、この方が今今に、神のマコトは学でも知でも解からんと、ハキリ止め置くのであるぞ。汝等はこの方の言うた通りなさるが、マコトにてあるを知りて取られて下されよ。

神のマコト申すは、真釣りて行に結ばねば、末代取るるは適わぬ事ぞ。今今は遂に実地の末期に入りて居りて、間違えて居る暇は無いのぞ。メグル情けの真っ最中に居るのであるぞ。くどう三真釣り成せ申すもこの事あるがためでござるよ。これよりはタテカエの最後までメグリ益々、猛々しく逆巻きて来るから、実地の行にて処する他、越える術《スベ》は一厘も無いのぞ。ざから、うるさき思われる程に念を押して居るを解かりて下されよ。

今の時節言うは腹が痛いとか胸が痛いとか、一時、ご守護神様のご一力に助けてもろう様な時節にてはないのぞ。腕一本、足一本、お命まで無うなってもおかしくない時節にてあるぞ。今今に生きザマを正し直すが、汝が心の持ち様にてござるのじゃ。マコトのご苦労を厭《イト》う性根《ショウネ》、早う捨てて下され申して居るのぞ。この方心配ざから言うて居るのぞ。汝の心はきれいに鳴りて居るか。マコトの火は立ちて居るのか。立ち居振る舞いは礼儀正しゅう鳴りて居るか。大丈夫でござろうか。今今はマコト三真釣り持ち行かぬ者、お陰渡せんのじゃ。マコト大丈夫でござろうな。くどう気を付けて置くぞ。出来る時申しても今は残りの時が無い由、今今より三真釣る行い致して下さらねば、肝腎要の草薙の剣を、自ら創る響きが無うなりては、取り返しが出来んから、痛く心配致し居るのぞ。この方は今今も汝にお陰差仕上げたくてウズウズ致して居る鳴れど、マコトがハラに結晶なさりて無くば、お陰を渡すも、行より先を今今に語るも、かえって残念に結びてしもうから、この方も早う渡したくあるに渡せずにあるのじゃ。今の今も待ちて居るに、何をして居るのざ。ぐずぐずして居らねで早う取りに参れよ。

今今に至りて安易に逃れる逃げ道を、神の言魂に探すが如き思いを持ち居る者は、知らず、悪の響きに共鳴りなされて居るぞ。こ度の事は、何処にも逃げ場無きを伝え知らせあろうがな。真ス直に潔く、今今の心をきれいサッパリ切り換えて、この方の申す様に三真釣り持ち行きて下さらねば、何を知りてもご無念じゃとも申したでござろうが。時の終わりた最期の最後に至りた由、汝もついて参られよ。早う行じて下されよ。ピタリ、ピタリと汝等お一人お一人に、はまりたお陰を授け行くぞ。こ程善き結構なご苦労申すは、これまでになかりたのであるぞ。

汝等皆々、メグリも因縁も違うて、今今も違うた響きにありてあるのざから、あちらの教えこちらの教えのマコトの響きと、そのままにて和すは適わぬ事にてあるぞ。千に一つのマコトの響き、生かしあるためにも、この方の申す様になさりて下されば、自らに厳しき者程早う善き方へ向けてやるから、早う三真釣り厳しく行に結びて、身魂相応のケガレ自ら祓うて下されよ。辛うなりたら、この方にすがりて参れよ。汝等皆々、神のお宮と鳴り成さる尊き地の日月の神々様じゃ。マコト持ち来てすがりて下されば、如何《イカ》様にもご守護致すぞ。神それが嬉しいぞ。

マコトに今世申すは、至苦不便の世にてあるのぞ。身欲が基と鳴りて居る由、何一つ思いのままに鳴らぬのじゃ。思い通りに鳴らぬから、身欲を基の我と我がぶつかり合うて、益々ご苦業の多き酷き世と鳴り進むのじゃ。《ご苦業》鳴るは出口無しの、身欲を基のあやま知の、魔釣る響きに入り住むからじゃ。この方が【ご苦労】申すは出口に向こう事にてあるぞ。ミロクの入り口に向こう事じゃ。

今世は《身欲》が基の『あやま知』で、心がすっかり曇りてしもうて、真コトの真釣りを外すばかりの、魔コトの魔釣りばかりを成す様に成り鳴りて居るから、神の真中の真十字は、どんどん右りに傾いて『×』ばかりに成り果てしもうた。真釣りが傾き『×』と成りたならタテナオセ、タテナオセ申して情けのメグリが訪れて、苦に現れ結ぶがこ度の仕組みの経綸《ケイリン》の【情けの仕組み】と知り置かれよ。

汝等は苦の現れたる初発から、既にして取り違え致すのじゃ。生かされあるが真釣りなるを、少しでも知りて居りたなれば、苦、現れ来たりなばマコトのミチを外した証にござるから、真先に元つ天地のコトワリにお詫びを致し、ご恩に感謝の響きを成り鳴らし、三真釣るご苦労をなされるが、汝等のなさる初発の事にありて、そがメグリ現れ来たる苦を、響きにて真釣ろい和す事になるも、解かりたでござろうに。汝等は、真先に苦から逃れんと、お詫びと感謝を置き去りに、身欲に走りたその場から、魔釣りの虜と成り果ててしもうのであるよ。メグリに処するに真釣りて参るか、魔釣りて参るか。生かしある神に委ぬるか、自ら生きある如くの人知に委ぬるか。神に委ねて真釣ろいあらば、総ては神がピタリ、ピタリと真釣ろうて、金でも、物でも、食べ物でも、要る時に要るだけのご用意を致して下さるのじゃ。こ度タテカエ真中にありても、変わる事無き真釣りの響きぞ。人知に委ねて魔釣ろいあらば、総ては真釣り外れて滅ぶのみ。人知申すは真先にありてはならんなり。真先に神に真釣ろうて、初めて真釣ろう智恵の響きと鳴りなさるのじゃ。言の葉のカタチから入りてはならん申すも同じ事ぞ。言魂の響きより入らねばならん申す事、解かり取りて下されよ。ス直にありせば出くる事ぞ。汝等の便利、利便申す事どもは、メグル情けに現れた、真釣りを戻すご苦労の、苦から逃れる手立てにて、『あやま知』使うて織り成した、メグリ逆巻く文明と、呼ぶが魔釣りの魔姿と、知りて解かるが汝等の、こ度外せぬ踏み絵にござるぞ。

こ程言うて聞かせても、苦を逃れん思うのどこが悪きかと申さるる、曇りに曇りた人民様、数多居られる由、神も閉口ぞ。善いか、この方は苦から逃れるをオカシキ事じゃ申して居るので無いぞ。よう聞きやれよ。この世申すは神が無くれば何も無い伝え知らせあろうがな。そは万象万物申すは総て神、言うに同じ事ぞ。神、申すは真釣りそのものにござるから、万象万物申すも総て真釣りそのものにてござろうが。されば汝等皆々も、尊き真釣りそのものにありてござるを是非是非に、知りて解かりて下されよ。【真釣り】申すは、生かされあるそのままに全くの至美至善、至楽至便、歓喜弥栄の響きにてあれば、『苦』の影さえ入れぬ、尊き響きにてござるのじゃ。なれば『苦』が出くるが、そもオカシキ事にてあると、思い至るも出来ようが。汝こを取り違え致し居りては末代真釣りに至れぬぞ。

汝等は永き幾生を魔釣りた世に生きて居られたから、人の世申すを苦界の如き申しザマで、『苦ある』を当たり前と思い成されて居られるが、仏魔《ブツマ》にすっかりだまされて居るのじゃぞ。そは真っ赤なウソにてござるぞ。【苦なき】が当たり前にてござるのじゃ。【苦なき】が当たり前にてござるから、『苦』がある事がオカシキ事じゃと気付けるのであろうが。『苦ある』を当たり前と思い成されて居られては、『苦』がありてもオカシキ事とは気付けまいが。今までは『苦ある』を当たり前の如くに思いなされて居りたから、『苦』現れ来たりても、オカシキ事とも気付けずに、唯ただあきらめ苦悩から、逃れる身欲な信仰に、走り曇りて参りたのじゃ。自らが真釣りを外したが由に訪れた【情けのメグリ】を心から、知りて解かりて居りたなら、詫びる事なく唯ただに、真先に逃れんと欲するを、身欲と申すも解かるでござろうが。苦あるを当たり前と思いて居りては、マコトの改心は出来ようまい。【苦なき】マコトを知らなくば、身欲勝手な成しザマで、メグリがメグリを産むだけではござらぬか。真釣るマコトを知り居れば、『苦』が出くるがオカシキと、ハキリ解かり取るるから、いずれの真釣りを外したか、解かりなくとも今今に、身欲勝手な成しザマを、心の底からお詫びする、マコトの赤き改心に至るも出くる様に鳴りて来るのじゃ。苦を恥思う心が大切なのじゃ。

生かされあるは解かりても、『苦ある』を当たり前と思いては、真先に『苦』から逃れたくあるが人情にござるから、《身欲》を基の『あやま知』を、使うて《我善し》力にて、『苦』を避け、進み参る様に鳴りてしもうのじゃ。しかあれ、神の真釣りの内に在る、汝は【苦なき】が当たり前にてござるから、『苦』現れい出来たれば、汝が真釣りを外したが由なりと、ハキリ、タテワケ解かるのぞ。真先に神にお詫びが出くるから、次々に真釣りを外し『恥』作る、身欲な魔釣りに入らねで、澄みて参るが出くるのじゃ。そも真釣り外して力徳を、失うたる自らの、ご一人の《力》や『思い』で力徳に、至れる思うその事が、既にオカシキ事にてござろうが。至れる思うその事が、末代真釣りに至れぬ『蛇の知』と、知りて解かりて下されよ。

『苦』が現れい出たるは、汝等が真釣りを外したが、唯一つの因にござるから、真釣り戻すは真先に意乗るが、戻る唯一つの入り口にござりたのじゃ。総ての総ての真先でござるぞ。真先に何が来るかで後の総てが決まりてしもうから、くどう申して居るのじゃぞ。唯一つの入り口じゃ、残りは総て身欲勝手な入り口ばかりでござるから、間違えんで下されよ。首尾良くマコトの入り口に、入りて戻れた後々は、神と汝が真釣ろうて、メグリ真釣ろう響きにて、善き手立ても鳴り現れ参るのじゃ。神、人含めこの世にありてあるものは、真釣りを外す事あらば、苦を持て知らす【情けの仕組み】の中にあるのじゃ。汝等皆々、真釣り無くれば、元々無きがミタマにてあるをス直に知りて下されよ。なれば、真先に苦から逃れん思うより、苦が現れい出来たオカシキに、気付きてマコトの道に外れたを、恥じて天地にお詫びする。赤き心を持つことが、真先に為さねば鳴らぬ響きにてありたのじゃ。こが真釣る基の要の要ぞ。後が無い由、ゆめ忘れて下さるなよ。

どうじゃ。少しは真釣りの何かにお気付き召されたか。何でも人民様だけのお力で成そう思うは、ご無理が出るぞ。真釣り外す事に成りてしもうから気を付けて置くぞ。汝が神を敬いて、神が汝をご守護致して、真釣る素型にてなさるが善いぞ。その様に成さるればマコトの力徳が出くるのじゃ。人民様ご自身の成されたメグリじゃから申して、ご自身で何とかするが筋じゃ思うは潔《イサギヨ》い事なれど、そも我でござるぞ。気を付け召されよ。神ありての人鳴るぞ。人ありての神鳴るぞ。ご守護ありて敬い生じ、敬いありてご守護益々力出せるのじゃ。汝はお一人ではござらぬぞ。余りに我が強くにあると真釣りしくじる由、心配致すのであるぞ。ご守護神様にも手柄立てさせてやりなされよ。共に励みて参るが、神、嬉しいぞ。余りにご自身を良くも悪くも思わねで下されよ。マコトのお詫びが出来なくなるから申して居るのじゃ。汝が如何様な有りザマに成りてあろうと、汝が生かされあるは、元つ天地の大神様のお許しあるが由にござろうが。善も悪も抱き参らせて生かしあるは、深きご経綸ありての事でござるのじゃ。このフミ読みて居ればそも段々解かりて参るぞ。そが解かりて参りたら、元つ天地の大神様の汲めども尽きせぬ深き尊き大恩が、ハラに染み入り参る程に、ハラの底より改心と感謝の響きが湧き鳴りて、マコト真釣りに戻るが出くるのじゃ。早う戻りて下されよ。

こ度の事は【真釣る】が招きし事なるを、ハキリ解かり取るる者殆ど無いから汝等皆々今今に、綺麗さっぱり忘れて居る由、一等大事な事が解からず。一々くどくどうるさきと思うぐらいにしか取らぬから、キチリ申し置いたのであるぞ。

くどくどと【真釣り】【真釣り】と申し来たは、汝等を日月の御座に迎えんがためなるぞ。汝等は、今今に至りて、すっかり神成る御身を忘れしが、マコト汝の真姿は、地の日月の神と称さるる、尊き御役の神成るぞ。神の真釣りは弥栄ぞ。この日のあるを待ちに待つ、元つ御祖の大神の、経綸成就が汝等の、神鳴る響きと鳴りなさる、真釣るマコトにかかるなり。ご自覚召されよ。

今今にこの方が申し伝え行くことは、こ度の事に関わりて、汝等にも中つ神々様方にも、どうありても取りて欲しくあることどもを、しっかとハラに入れて動きある様、成さんがためじゃ。汝等も神々も神成るものにありせば、神成るものと【ご苦労】の、切るは適わぬ深き仕組みの因縁を、知りて解かりて取る程に、こ度の事が楽に行くようになるから、親心で申して居るのじゃ。最期の最後になりて居る由、ス直について参るが善いぞ。苦と欲が並びありたら、ご苦労を取りて下されと申すこと早う解かる様に成りて下されよ。後、一苦労、二苦労じゃ。一言で天地を創るともうさるるが、元つ神々様の成されたご苦労申すものは、今様の中つ世の神々様には、到底堪え切れんマコトに難渋《ナンジュウ》なことでござりたのぞ。人民様の思いも及ばぬは無理無きことにてござるが、そもこれも、地にマコト、マコトに神真釣る、万古末代弥栄の、ミロクの御代を創らんがためでありたのぞ。この方が天をも含む地を創り、総ての構えを創りたも汝等皆々一人も余す事なく、見事、地の日月の神と鳴り成りて、この世を統べる響きと成りて欲しいからじゃ。

これより日月に至る神仕組み、伝え参るが、そが前に、真釣りと魔釣りをタテワケて、今世の魔釣りを統べ魔釣る、悪しき響きの自らに、伝え語らせあるが由、じくりと聞きて見なされよ。真釣りも魔釣りも二つ共、元つ仕組みのマ釣りにありて、表裏一体のものにてでござるが、ハタラキは全くの逆様でござるから、よくよく注意申して置くぞ。一つは【タテナオシの真釣り】にてあるぞ。今一つは『タテカエの魔釣り』にてござるのぞ。今今の世のマ釣り申すは九分九厘、魔釣りとなりて居るを先ず先ずに知りて下されよ。スメラの真釣りと、ユダヤの魔釣りのことにてあるぞ。今今に伝え知らす事程にハキリ、タテワケ下されよ。

魔釣りの負うたタテカエ申すは、汝等の界にありては破壊とは見破られん様に、進歩と見紛う様に仕組まれありたのぞ。元つ真釣りた仕組みを取り違え、自らの神を迎えんがため、醜くケガレしこの地《チ》の上《へ》を、魔釣る仕組みの力にて、タテカエ祓い清めんと、思いなしたが初めであるぞ。彼の者共の心、聞いてみやれよ。そは、『この地にある者共は『我善し』力で欲望を、追いて尽きせぬ者なれば、恥も節度も無きが由、よもや人とは申せまじ。仇醜《アダミニク》き獣なれば、この地を汚すは許せまじ。神に選ばれ約せある、ユダヤの民の負うところ、統べる御神の尊きに、無礼がありてはならぬ由、獣の卑しき性情を、煽《アオ》り使いて喜ばせ、自ら滅ぶ大魔釣り。金銀名誉に性欲を、加えまぶしたエサなれば、獣なる身にては抗ぜまじ。

心と体を弱めれば、知恵は元々弱き由、扱い易き家畜なり。卑しき家畜の獣なれば、知力申すも底浅く、知恵にてだますはいと易き。薄弱虚弱に致すには、身欲を煽れば自らに、競って群れて来る程に、エサの加減で操りて、『あやま知』どんどん植え付けて、科学の名にて衣与え、科学の名にて食与え、科学の名にて住与え、過つ教えの出す毒で、自ら滅ぶが獣なるぞ。自ら滅ぶ学説を、見通す力の目も持たず、有り難がりてマ釣り上げ、身欲携え進み行く、進むが囲いのその奥へ、出口あらざるその中へ、おだてすかせばいと易く、我先誇りて進むなり。

神の支えるハタラキを、金の支えるハタラキに、だまし身欲と結ばせて、見える身欲を作らしめ、工業興して物作り、返すカタナで地を壊し、金無き身にては何事も、適わぬ世界と成さしめて、欲を煽りた夢魔釣り、叶うは難きも解からずに、手のへで踊るあさましさ、生くる基になるはずも、何の力も無き金に、まんまと命を預けたが、我が手に命を預けたと、気付けぬ愚かな獣なるぞ。

卑しき家畜の獣なれば、神を敬う心なく、ありても選ばれ無くあれば、いずれ我らの邪魔になる。持ちたる敬神壊すため、自由、平等、博愛を、幾年使うてバラマキて、敬う基を迷信と、成して潰すが教育の、我らが仕掛けし裏舞台。功をそうして世界中、上下無き世と成り果てて何から何まで平等と、狙い通りの混乱を、狂いたタワゴト信じ込み、我らが図りし策略に、まんまとはまりし獣なるぞ。

家畜の生くる基なる、衣食住成る基なる、神の創りしその糸を、勝手にむさぼり費やすは、神の御国を汚し行く、許すは適わぬ事なれば、魔釣りた糸とすげ変えて、生くる基と切り離し、衣食住する物買うに、総てが魔釣りた糸なくば、生くるも適わぬ世と成して、偽の三ロク（六六六）に従わす、魔釣りた企み九分九厘、成就致した今今が、世界を手中に致す時。残る最期の裏芝居、今今今に幕引きて独り立ちたるヒノモトを、餌食に致して世を潰す、我が神統べる時成るぞ。
ユダヤの身魂の我が民は、神に選ばれ約せある、汚すも尊き民なれば、世界の要所、要所にて、使える獣を操りて、身欲と力を叶えさせ、血縁、血族成さしめて、魔釣る仕組みに働かす、ニセのユダヤを創りたり。我が力を持ちあれば、地位も名誉も即ザマに、与うも奪うも自在なり。自ら望みて入り来たる、身欲固まる獣達も、余す所も無き程に、縦横無尽に配したり。いずれ元々獣なれば、生かすも殺すも獣達の、忠誠次第で決めるなり。心惑わす業《ワザ》持ちて、ケガレ逆巻く悪しき世に、させるが獣の仕事なり。獣を使うて獣潰すケガレを祓う仕組みなり』
彼の者共の心底解かりたか。見通す力の目いうは、何でも見通す目の事ぞ。第三の目の事じゃ。しかあれ、そは知恵の目なり、真釣り無く開かれるは魔眼と成るなり。蛇の登り切りた姿なり。蛇の精一杯の姿にござるよ。しかあれこれにて寸止まりでござる、真釣り無き知恵は枝なり葉なり。カミカエラねば自ら持ち行けぬサダメであるよ。

魔釣りの経綸申すものは、自らの神を迎えて千年王国を創ろうと、神に仇成す汝等に、身欲のエサをちらつかせ、汝等の心を曇り曇らせ、獣の心と鳴り成らせ、生くる総ての神の糸を彼の者共が支配して、逆らう事の出来ぬ様に致しておいて一挙に汝等の首根っこを押さえる仕組みが、魔釣りの経綸の表の意味でござるのぞ。こがイシヤの仕組みでござるよ。大き仕組みをいと易く、知らせ伝え申したなれど、魔釣る仕組みは汝等の、日々生くる事どもに裏に表に綾なして、魔釣りた糸を引かせある、知らぬは汝ばかりでござるのぞ。何でもかんでも楽なミチには気を付けなされよ。心が獣に成りて来るぞよ。苦を避けむ甘き心が危ういぞ。しかあれ、この世に悪生ぜねば、発動致さぬ仕組みでありたを忘れて下さるなよ。

マコトに綾なす仕組みにて、細かき仕組みは数知れず、ど偉い仕組みも控えて居りて、人知《ジンチ》で取るは適わぬ事であるなれど、この方は総て知りて居る由に汝等は皆々この方の申したことどもを、守り行じて下されて、安心致して見てるが善いぞ。この方の申したことどもを、守り行じて下さらねば、ケガレを祓うお仕組みに巻き込まれてしまうから申して居るのぞ。汝等ご自身が清まらねば、仕組み知ろうが知るまいが、汝自身が危ういと申し知らせてあろうがな。今今は残りた時が無い由にくどう言うて居るのじゃ。清まり、清まりスミキリて下されよ。

今今の世申すは、『蛇の火』が心の宮を奪う事に必死になりて居りて、悪の教えを良き事の様に、どうあってもだまし通すお積もりで、魔釣りの道具を総て使うて、金漬け物漬け色漬けの欲漬けに致して、汝等の身欲を精一杯煽るだけ煽りて来るから、陽気な心の持ち様でありたなら危ういぞ。『蛇』は『蛇』じゃ。

『蛇』と成して型示しあるは、どこまで行きても『蛇』であるは解かりて居ろうに《我欲》のご都合で真釣りの基を崩すから、遂には仇成すものまで信じる様に成りてしもうのじゃ。魔釣りばかり上手に成りてしもうてどうするお積もりじゃ。

　真釣りた火のご霊統と、真釣りて無い火のご霊統を取り違え居りては、大失態をやらかすぞ。真釣りた火のご霊統申すは、竜体にて現れなさる生き通しの元つ大神様のご霊統にござる。真釣りて無い火のご霊統申すは、蛇の体にて現れなさる知恵の神のご霊統でござるよ。竜と蛇とをハキリ、タテワケ成さらいで居りてはマコトは見えんぞ。汝等の申す邪竜いうは、蛇の化《バ》かした姿にてあるから、何時までも化かされて居るのでないぞ。竜は天降《アモ》りてハラに【マコト】を開く成り。草薙の剣と申すなり。蛇は底より上り来たりてアタマに『分かつ知の目』を開く成り。魔眼と申すなり。この度は竜と蛇との戦ぞ。ハラとアタマの戦いでござるよ。

人民様には未だマコトが解からんから、せっせと蛇の道を開く努力を成されて居るが、どんな事に成りても神はもう知らんぞ。汝の底に封印せしものを、自ら解き放つのであるから、この方は知らんと申して居るのぞ。どんな辛い行にも堪えスミキリたマコトの者が成さるのであれば、この方が特と見届けて、ご霊統のご竜神にお出まし願いて、汝のハラに天降り行き、汝のマコトを開き行きて、万古末代守護なさる、草薙の剣を渡すなり。こは真釣る至誠の神宝《カムタカラ》にござるのぞ。

神宝を持ちて蛇の封印を解き真釣るが、こ度の事に関わりて大事な事でありたなれど、取れる人民様居ない程に、蛇の道ばかりどんどん開いてしもうて、一挙に事を成さねば鳴らぬ時節に至りて、一挙に汝等皆々に、草薙の剣をお渡し致さねば鳴らぬ様に成りてしもうたが、世界は蛇の道が九分九厘開かれありてしもうて、日本の中にもどぷり蛇の力に魅入られ居る人民様数多居るから、授かる草薙の剣で、苦しさの余り自ら祓う酷き有り様が見えるによりて、気の毒で、この方は見るのがいやであるぞ。今今に獣から人に早う戻りて下されよ。時は無いのぞ。

草薙の剣いうは火土水（ヒトミ）の事であるぞ。一二三（ヒフミ）の火土水（ヒトミ）の事であるぞ。真言の事であるぞ。息吹合うた言魂の事であるぞ。生く言魂の事にござる。マコトを申すのでござるよ。余りにケガレた身魂のままである者に取りては、一挙に一回でマコトをハラに据えられては、生くるも成らず、死ぬも成らず、苦しみの余り改心致すも底の見えてる改心由、それも成らず。悶え暴れ狂いて、しまいには自らの頭を、自らが潰す末路と成り果てしもうのぞ。

蛇はアタマを潰さねば死なぬと同じ道理でござるよ。神、頼むぞ。汝はこう成りては下さるなよ。末代地獄で暮らす事に成りてしもうぞ。二度とヒノモトのお土踏めん様な恥ずかしきザマと成りてしもうから、よくよくに注意して置くぞ。

この度タテカエの最後には、『知恵の蛇の火』もマコトに真釣れる様に向かわしめ上ぐるはこの方の仕事にてあるが、今今の汝等がこれをなすは危うき事にてござるから、くどい程に申して置くのぞ。汝は汝の三真釣りをしかり持ち行きて、汝の蛇を真釣り行くが努めぞ。天《アマ》が下に仇を成す、大き蛇の火の響きはこの方に任すが善いぞ。三真釣り持たずに汝等の底底に封印せし蛇を解《ト》き放ち、これを真釣りてマコトに結ぶは、なまなかの事にありては出来はせんのぞ。十中八九逆様と成りて、真釣りた積もりが魔釣られて、知らぬうちに使われ居る由、気付けず。いつの間にか悪神のけん族と成り果てしもうて、化かされ、神民に仇成す力ばかり知らず与えられあるから、一見、善き事のように思え見ゆれども、やる事成す事、裏で世を持ち荒らす事に結びつきあるが解からんのじゃ。汝等の霊性申すは開発するモノにあらず。真先に心祓い清めるが霊性顕現の基であるぞ。真釣りを外して霊性を開発なさる申すは、蛇の封印を解く事にてござるぞ。神を心底敬う心が無いから身欲が先に立ちて、そが甘き誘いにもすぐにだまされしもうのじゃ。

汝等の念にて汝等も、汝等の周りも変え行くは叶う事にてあるなれど、神経綸の神法はちいとも変わりは致しはせんぞ。この事、特に気を付けて下されよ。こが悪神のまやかしの手口にござるのぞ。汝の思いを叶える事もご修行の内でござるなれば、それはそれで良いなれど、真釣り無き思いは、必ずメグリを育む事になるから申して居るのぞ。汝等が創造出来る申すは、火水（カミ）が正位であろうとなかろうと、十字が傾きてござろうと、元つお仕組みによりて、マ十字に組み結びてあるが由、真中の何でも産み成す御座に、汝の思いを叶える力がハタラクからでござるよ。汝等皆々神成る身ゆえ、自らの真中から何でも、創り出すが出来るからであるぞ。なれど、そは真釣りて無くればマコトに結ばぬ由、末はメグリを持ちて、情けを持ちて解くしか無いものばかりでござるのじゃ。人民様の今今は、お命短き由、今さえ良けら良いなぞと申してござるが、今今の短きお命と、これからの至楽至善の永き御代に生くるお命と、どちらか選べ申すも愚かなことにてござろうが。

このヒノモトに、今ザマの瞑想なるまやかしを持ちきたらし、普及致せし汝にキチリ申し置く由、首を洗いて聞きやれよ。汝もヒノモトにて産みなされし者なれば、このフミと縁を結べる程のミタマにござるから、一輪の花と情けを手向け取らす。一度で聞けよ。二度は無いぞ。汝、今今より他にやり直しの利かん所に立ち居るを知れ。汝の伝え広めし口の業、心の持ち業、行の結び業、今今の即座に止めよ。汝の成せしは、ヒノモトに残るマコトに仇を成す、真中の御座にケガレさす、悪しき響きの蛇の業。知りて詫びるが出来ぬなら、今今、今に呼び出して、末代解《ホド》く烙印を、汝の響きと致すのみ。汝にも一厘のマコト残りてあるなれば、口を慎み、心を慎み、行を慎みて、恥ずかしき事の無き様にしていて下されよ。神の人民様に仇成す者と成り果て居りては、汝の真中にも済まんであろうが。

未だマコトの何たるかをよう取れん者が、蛇を上らすお手伝いの如き真似事を成さりて居りては、好い様に仇なす蛇の力に利用されるだけ利用されて、タテカエに入りて間違えだと気付きても、既に取り返しのつかぬ事でござるのぞ。身欲を汝の真中の御座に据え置かれては、末は解くしか無いと申して居ろうがな。

魔釣る仕組みの表は、何とか解かりたか。《逆十字《ギャクジュウジ》》に呼応して【スメラの真釣りの経綸】と『ユダヤの魔釣りの経綸』の二つを構え降ろされて、組み仕組み成されたが、こ度、現界に織りなされしミロクに至る汝等の、歴史でありたのぞ。マコト大き神仕組みでござりたのじゃ。情けと花の表裏《オモテウラ》、裏表のお仕組みなるぞ。

神成る身の汝等お一人お一人に、マコト真釣るを取らせるは、マコトにご苦労の多い、大き難儀なお仕組みが必要でありたのじゃ。中つ世の神々様も汝等も、元つ真釣りが解からぬ、片ハタラキのままにありて、元つ大事なところは、元つ仕組みで真釣られあるを知らぬままの、道楽のままにてあるから、そのままにありては、マコト真釣るの【ご苦労】が取れぬ由、マコト、マコトの神真釣りに組み結ぶは、ご無理ご難題でござろうよ。ましてこの地にミロクを結ぶなど、適わぬ夢でござろうが。それ由、元つ神々様方が難儀なお仕組みを創り、御自ら背負いて下されたのであるぞ。汝等のお子と同じでござるよ。自ら産まれた様な顔をなされて居られるが、産みのご苦労申す事が解からねば、半人前でござろうが。神も人も、元つ神真釣りあるによりて、生かされあるを忘るなよ。これあるによりて、神も人も自ら真釣るが、天命なるを解かり知るのであるぞ。

自ら取らねば適わぬ真釣り由、情けと花の仕組みにて自ら取らせる舞台を創りたが、お仕組みを創るご苦労も、仕組みを成就致すご苦労も、こもあれも、大神様初め、元つ神々様方とナギ、ナミがマコト真釣りてお産みになられた、正神真神の直のご霊統にあらせられるご二柱と、揃いて支えるお仕組みでありたのぞ。【ご苦労】が無かりせば、歓喜弥栄の神真釣りは取れぬによりて、この方が天をも含む地を創り始めるに呼応致して、初発にご苦労の種を蒔かれたのであるぞ。そは逆位正順、逆位逆順いずれ双方《逆十字》の魔釣り、過ちたる陰陽の響きでござりたのぞ。快欲《カイヨク》のみを追い求める響きにありて、こを不調和申すのであるぞ。ご苦労の影も無い、快欲の極みの響きにてあるぞ。天地創成の初発より、今今に鳴り鳴り響き、成り成る響きじゃ。快欲申すは身欲のことにてあるぞ。身欲の基は快欲じゃ申して居るのぞ。身欲は怖いぞ。身欲ひとつで天地滅ぶぞ。

《快欲》に《囚われる》か【囚われぬ】か、こが初発にして終末の【ご苦労】の基でござるよ。解かりて下されよ、この方が申す【ご苦労】いうは【囚われぬ】ご苦労を申して居るのぞ。元つ天地のご恩に、スミキリてマコトの感謝が出来て居れば、至善と取れて来るを、それ迄の有り方を【ご苦労】と申して居るのぞ。《快欲》に《囚われる》はマコトの感謝に気付けぬ由、更に真釣りを外す身欲に走るのじゃ。《囚われ》てからのご苦労は《ご苦業》じゃ申すこと今今に解かりて来るから、ハキリ、タテワケ区別致して置くのじゃぞ。善いな。

今今に申し伝えある事は、汝等の育ち来たる、元つ型も示しあるのでござるから、汝には関わりの無き神事の話なぞと思いておりては、取れるものも取れぬぞ。汝等の育ち方いうは、こ度の神経綸通り、そのものでござるのぞ。汝等も汝等のお子も、こ度の仕組みをなぞりて育ちあるのぞ。早く、遅く仕組みに気付きある者も居れば、最後まで気付かぬ者も居るのぞ。気付きた者になりて下されよ。《快欲》申すものが、初発にして終末の【ご苦労】の基でござるから、こを真釣り取れた者は、既にして歓喜弥栄でござるのぞ。しかあれ、神も人もご苦労の無いミタマにござるから、【ご苦労】に向かうよりは《身欲》に走るは知りて居りたのじゃ。知りては居りたが、汝の真の御座なる、歓喜弥栄のマコト、マコトの神真釣りを、自ら取りてもろうには、外すは適わぬご苦労の種でござるから初発に蒔きて終末の、幕の降りるそれまでに気付きて自ら真釣れる様、仕組みたのじゃ。生き死に幕間の度毎に、捨てては拾うを繰り返し、遂に末期となりたなり。《快欲》の仕組みは、外すは適わぬ大事な仕組みでござるが、一旦《囚わ》るれば、快欲の響きより自ら放るるは、末代出来ん事にてござるのぞ。なれど汝等が快欲に囚われたままにありては、末は滅ぶしか無うなる由、快欲に囚われた汝の乱れを、二つの仕組みで真釣るミロクへ誘うため、大神様はこ度、地のへの王の王になられる、正神真神《セイシンマガミ》の直のご霊統にあらせられるご一柱《イッチュウ》を地のへのご守護に、もうお一人方のご一柱を天のご守護に構え置きなされ、囚われをほどき、真釣りに組み結ぶ尊き仕組みを守り成す、重き御役をお与えなされたのじゃ。

一つは汝等の囚われを壊し行く仕組みであるぞ。情けの仕組みであるぞ。タテカエ行く仕組みであるぞ。今一つはタテカエを、真釣りに結ぶ仕組みであるぞ。花の仕組みであるぞ。タテナオシの仕組みであるぞ。情けと花の両輪でござるよ。

一つは情けに結ぶ『魔釣りの経綸』。今一つは花に結ぶ【真釣りの経綸】。元は一つに繋がり居れど、逆様のハタラキをなさる仕組みを、構えられたいうことであるぞ。その様に致さねば、汝等が滅ぶもうしたであろうがな。元つ仕組みに魔釣りの経綸があるは、悪には悪を持ちて当たらねば、ご苦労のない善のミタマでは適わぬ事でござろうが。しかあれ、元つ仕組みに悪は影さえ入りては居らぬのぞ、情けあるだけを知りて下されよ。取り違い致すでないぞ。神成る身の汝等が《快欲》の響きに《囚われて》悪を出さずば必要無き仕組みにてあるは道理でござろうが。囚われ出くれれば、悪現れい出来て情けに結び、タテカエにて壊し知らせるが『魔釣りの経綸』の裏の基でござるのぞ。少しは解かりて下されたか。

しかあれ、『魔釣りの経綸』申すはそのままにありては、【真釣りの経綸】の全くの逆ザマのハタラキにござるから、共にあるは適わぬ事にござりたのじゃ。そうであるが由のご苦労でありたのぞ。この構えをお創りに成るには、魔釣る響きをお産みに成るには、艱難辛苦の裏舞台がござりたのじゃ。そは辛苦の極みを持ちて、死を持ちてこれに応えられたからであるぞ。元つ大神様のご妻神《サイシン》、神サラレルを持ちて、汝等皆々に情けの仕組みを残し置かれたのじゃ。汝等を思う至誠至愛ある由の、イノチを賭しての尊き響きにあらせられるのぞ。解かりたか。

ご妻神の死申すは、元つマコトの神真釣りを閉めた申す事でもあるぞ。こが大事な一度目の岩戸《イワト》閉めじゃ申すこと、知りて忘れて下さるなよ。

汝等の知り居る古紀申すは、裏で『魔釣りの経綸』を操る者共に、都合の良き様に改ざんされあるを知りて下されよ。このヒノモトは万世一系じゃ等と申して、安心致し居るマコトの解からぬ者は、よくよく気を付けなされよ。そは人皇《ジンノウ》の世の事にてあろうが。ヒノモトのマコトの真釣り申すは、そんなことではござらぬぞ。ヒノモト申すは神幽現、三千世界を統べ真釣る、尊き御座の座すところ、ミロクを現《ゲン》ずる真中なり。こ度ミロクを現ずるに、逆さと成りてる神界を、先ずにタテカエナオしたは、神鳴《ナ》る響きが現成《ゲンナ》るに、真釣る正しき順序にて、成さねば現の過ちが、直らぬ道理であるからぞ。神が逆さに過ち居りて、いかで汝等現界が、正しき姿申すのぞ。神が逆さでありたなら、人皇含め汝等も、真釣るが逆さは道理でござろう。過ちに気付きてス直に直せば、それで良いのじゃが。いつまでも古き教えのお仕組みに、囚われ居りては末代の恥となりぬるぞ。悪しき世にありては、それなりのお仕組みが必要でありたなれど、悪しき世は既に滅びて居るのじゃぞ。真釣りは霊統に依り魔釣りは血統に依るのじゃ。霊（ヒ）を立てて身（ミ）が控え和さねば真釣れぬぞ。ハキリ、タテワケ致すが肝腎でござるぞ。

　ヒノモトに快欲の《逆十字、△》の響き鳴り渡りて後、裏で『魔釣りの経綸』を操るミタマ鳴り渡りて来たるは、二千数百年も前にてあるのぞ。そは自らのミタマの来歴を知らず、そのままにありては、天孫いうも許し難き大大罪《ダイダイザイ》なれど、自ら知れず天孫を自称し来たりたのじゃ。それありたが由、自ら人皇を名乗らねば、治まりつかぬ程のご苦労を致されて、四度目の岩戸閉めを成されたが、正神真神のご霊統にあらせられるカムヤマトイワレヒコノミコト、神武天皇なるぞ。

四度目の岩戸閉め以降、人皇の世となりて、段々に魔釣りの経綸と成りて行きたのじゃ。【・】にあらぬ《△》の陽の構えを陽にして、後を受けたる『✡』の千代に八千代の裏舞台。この方は総てを知り居る由、陰にてご守護致し神力出して、仏魔来たりて五度目の岩戸を閉めるに至る迄、魔釣る響きを和し真釣りて参りたなれど、その後は乱れに乱れた逆ザマの、見るも無惨な今ザマの、悪しき末期の世となりたのじゃ。時節来る迄ジット堪え、我慢に我慢を重ねきて、時節至りてこの方が、天地を構えた今今は、マコト無くれば通らぬものと覚悟召されよ。

初発の岩戸閉めあるによりて、汝等が囚われ身欲に走りたその時に、魔釣りの経綸に入りて、情けを受くる仕組みの世となりたのじゃ。情けをもろうて初めて真釣りの何かに気付き向きたその時が、真釣る花の経綸の入り口と成りておりたのぞ。情けの仕組みの大き型示しいうが汝等の申す〔死〕でござる。花の仕組みの大き型示しいうが汝等の申す〔誕生〕でござるよ。こが汝等のメグリの輪廻転生の始まりでござりたのじゃ。これ解かるか、身欲生ぜねば、悪生ぜず。悪生ぜねば、メグリの輪廻転生は無かりたのであるぞ。【真釣り】取る【ご苦労】を致して居れば、いついつに在りても、嬉し楽しのミロクに入れたと申すも同じ事ぞ。汝等もともと大神の御子なれば、光輝そのものでありたなれど、真釣り外したが由、身欲の響き、悪の響き鳴り鳴る様成りてしもうたいうを知りて下されよ。

初発の岩戸閉めが、正しくこ度に結ぶ元つ仕組みの発動でありたのじゃ。総てを準備致されて後、マコト、マコトの元つ神真釣りの肝腎要のところを、神々も汝等も自らが取らねばならぬ、肝腎要のところであるによりて解からなくされたのであるぞ。そが情けの始まりでもありたのぞ。初発の情けでありたのじゃ。

こが、この方の申す【ご苦労】いう事にござるのぞ。マコトの神真釣りが見え無くなりたいうは、汝等の方から見れば、ご苦労が、不便が立ち現れ来る様に見え来るのじゃ。汝等のお子が独り立ちなさるれば、自然と周りにご苦労や不便が立ち現れ来るに同じぞ。親のご恩に気付く機会なのじゃ。汝等にとりても同じ事ぞ。元つ天地のご恩に気付き、感謝の響き鳴り鳴る様に成るれば至善と真釣りが取れる様に成りて居るのじゃ。ご苦労申すは、真釣りに気付くがためのご苦労なれば、感謝の響きを持つも無く、初めから身欲利便に走り楽致しては、真釣りを更に外し行く、苦楽の輪廻に結び行く、末は滅びるご苦業と、なるがサダメと知りて解かりて下されよ。

大神様は、汝等お一人お一人に、限り来る迄可能な限り、真釣る機会をお与えなさるそのために、《逆十字》の《快欲》が、初発にして終末の、苦労の種を汝等お一人お一人が、真釣りに気付くに必要なだけ蒔ける様、《我》と《力》の、強きハタラキを成す二柱の神を配されありて、必要なれば《快欲》に副い動きある様、仕組み置かれありたのであるぞ。《我》の強き神も《力》の強き神も仕組みの中にありて、成れればこ度マコトの神成る種にてあるから、自らは未だ《逆十字》の元つ仕組みは解かりて無いのぞ。

《我善し》《力善し》の二神が《逆十字》の《快欲》と絡んだらどうなさるか、汝等皆々スミキリて【真釣り】に向こうて居りたなら、絡む事も無かりたのであるが、今ザマの世を見ゆれば、お解かりでござろうぞ。《欲》に《我》と《力》が絡めば絡む度毎に、真釣り外すが目に余り来て、いよいよ情けが厳しく成りて来るも解かるであろうがな。しかあれ、そは汝等にマコトの真釣りに気付かすがためなるをくどう申し置き居ろうが。今今に解かり取られて下されよ。

《逆十字》の《快欲》が《我》と《力》をその内に、取り込み共鳴り、鳴り鳴りて、大き不調和ご苦労の、構えと成りたが汝等の、神をも含む汝等の、始源にかかりた《囚われ》と知りて解かるが汝等の、真釣るマコトのフリダシに、戻す初発の終末の、ご苦労見据えスミキリて、感謝の響き鳴り成すが、真釣る基の要なり。汝等皆々、神成るミ成れば越えねば鳴らぬご苦労とハラを括りて下されよ。

身欲に《囚われ》たるままにありては、汝等は、神をも含む汝等は、神成る種なる汝等は、末は滅ぶに結ぶが解かりて居りたから、元つ大神のご妻神が、魔釣りの経綸を導くご一柱を自らのお命と引き換えに、構え下されたのであろうが。魔釣りの経綸を導くご一柱申すは『火の神』とも『知の火の神』とも『知恵の神』とも称さるる神にて、元つマコトの神真釣りにて真釣り産み成された、元は正神真神のご霊統にござるのぞ。なれどご自身のご誕生と引き換えに、元つマコトの神真釣る要の一厘を見失われたのでござるから、片親、片ハタラキにござりて、マコトの真釣りを知らぬが由、自らの知力によりて総てを成せある思いてござるのじゃ。それ由、竜には成れぬ『蛇の力』と呼び習わせしが『知恵の神』の事にてござるよ。『分かつ知』の型示しとて二本の角《ツノ》持つ邪鬼申すもあるぞ。いずれ元つマコトの神真釣りと並びあるは適わぬ事由、首を切られ底底に封印されありたのじゃ。汝の底底に封印されありたと申すに同じぞ。過ちたる『蛇の火』のご霊統と元つ真神の【竜の火】のご霊統、取り違え過つは危ういぞ。お気を付け下されよ。汝等このフミ読むにいついつにありても、汝が姿、宇宙コトワリの似姿なるをゆめお忘れ下さるなよ。コトワリの似姿いうはこ度経綸の似姿にてもあるのぞ。汝の内に総てが含まれあるのぞ。神々の事など思いて、汝ご自身を外して居りてはこ度は越せぬとくどう申し置き居ろうが、このフミ総て汝ご自身の事を語りて居るのぞ。汝の真中が伝え居るのぞ。地の日月の神様方、マコト、マコトにしっかりして下されよ。

『蛇の力』を底底に封印せしは、その神力思凝《シコ》り固まりて《快欲》に囚われたる身欲悪、現れい出たれば『魔釣りの経綸』のハタラキ現れい出る様、仕組みありての事でござりたのじゃ。《逆十字》の陰陽はそれぞれにオロシア、インドの地に相呼応して思凝りたが始めにござるぞ。知恵なる『蛇の力』はユダの地に思擬りて、《逆十字》に副いハタラク《我善し》の神は中国北方に天降《アモ》り来たりて《力善し》の神は北米に天降りたのぞ。それぞれ仕組み構えありての事でござる。

【元つ真釣りの経綸】はこの方の構えるヒノモトが、元つ要の真中でござるよ。

ハラはハラ、アタマはアタマ、枝葉は枝葉にタテワケて、真釣るマコトの神真釣り、ミロクへ至る経綸に、お役目相応のご苦労を、自ら創りて参りたが、こ度に結ぶ裏裏の、神経綸でござりたのじゃ。しかあれ、こは総て許され配されありたを知りて下されよ。元つ仕組みに許され無きもの、何一つありはせんのじゃ。この事よくよく解かりて下されよ。汝等の『あやま知』に囚われたる思いにて、善悪それぞれにタテワケあるは、マコトのタテワケにあらずして、危うき道に入りてしもうからよくよく注意致して置くぞ。神の目から見れば善悪は無いのぞ。

　真釣り魔釣りの経綸を、地の上へ構えるお仕組みは、正神真神の霊統を、元つキ流れを二筋に、スメラのミタマが背負う真釣り、ユダヤのミタマが背負う魔釣り、裏と表の経綸を最期に真釣るが仕組みなり。ユダヤが『囚われ』タテカエて、スメラが【真釣り】をタテナオス。奇しき力徳《リキトク》織り真釣る、タテヨコ正位タテワケて、ヒノモト真中が負い真釣る、スサナル仕組みの負うところ、見事、真中をスミキラせ、元つマコトの神真釣り、地のへに顕じタテ真釣る、鳴り鳴る響き鳴り成らす、万古末代散らぬ花、咲かすにスクリと現れて、ミロクへ結ぶ神響き。

汝等、ユダヤ十二部族申すを知りて居るか。今世に至りて、失われた十部族の血統をのみ、探すが如き成さり様を致し居りては、マコトの事は解かりはせんぞ。そは知らず『あやま知』に囚われ居るからであるよ。ちいとは真釣りに気付いて下されよ。こは汝等スメラだけにはあらずして、ユダヤのイシヤも囚われ居るのじゃ。オカシキ事にてござろうが。『あやま知』操る者共も、自ら囚われ居るを知りて無いのぞ。こに秘密がありたのじゃ。思いも出して下されよ。ユダヤに至る御霊統は、竜には成れぬ『蛇の力』と呼び習わしめた『知恵の神』がその源でござろうが。なぜに竜には成れぬと申すかは、ただただ、真釣る真中を知らぬからでござるよ。【元つマコトの神真釣り】を知らぬが由でござりたのじゃ。彼の者共も九分九厘まで知りて居れど、知りては居るが肝腎要の真中の一厘を、知りたくありても知れぬのじゃ。そは【真中の一厘】を見失うた御霊統にあるからでござるよ。彼の者共にとりては、越すに越されぬ真中の一厘じゃ。由に彼の者共は、彼の神の一力より他に何も無き思い込み、一厘のあるをも知らず、そのままに総ての総てを知りて居る思いておるのじゃ。そここそ囚われ居る証でござろうが。ただの一厘申せども、こが無くれば何も無い、総てを顕し生かしある、彼等の神をも生かしある、総ての総ての基なる【元つマコトの神真釣り】を知りて無いのでござるから、こ度の仕組みのマコトも知らず、汝等と同じく、見失われた十部族の、人の流ればかりに、血統ばかりに惑わされて居りたのじゃ。

少しは解かりて参りたか。見失われた十部族のマコトの意味申すは【元つマコトの神真釣り】に関わりてありた事なのじゃ。ユダヤ十二部族の型示《カタシメ》しあるは、正しくイザナキ、イザナミ御二神の分かれ型。初発の岩戸閉めの、大事な型を知らしめあるのぞ。開き盲ばかりでござるから、解からぬのは無理もござらぬが、この度に関わる大事にてあるから申して置くぞ。ナミ、カミサラレなさるにありて、末のこ度に【元つマコトの神真釣り】復するを計ろいて、計りた仕組みをご守護なさる正神真神の御二神を、残し置かれた、いう事にてあるのぞ。十（カミ）サラレマシテ二神を残されあそばされたのであるぞ。十（カミ）真釣り閉じ去られまして地のへに二民を残し置かれた、とも言えるのぞ。十（カミ）真釣りと引き換えに、二つに分かつ知を残し置かれた、とも言えるのじゃ。ご自身のオイノチと引き換えに、知恵の神をお産みになられた、申すことじゃよ。十（カミ）サラレル申すは【元つマコトの神真釣り】が解からなくなりた、申すことにてあるから、いずれも【元つマコトの神真釣り】を末のこ度に復すため、ミロクをこの地に顕ずための大事な神経綸の型示しでありた言うことじゃ。これでお解かり下されたか。

元つ天の大神様は、地のへにスメラとユダヤの神策成就の経綸を背負うた二民を創り降ろされて、天地のご守護に、正神真神のご霊統にあらせられる二柱の大神を配し置かれたのじゃ。天上をご守護しなさるご一柱をアマテラスオオカミ様と称し奉る。地のへをご守護なさり、こ度、神響きにて地のへの王の王の王と現れなされミロクを顕じます、尊き御役のご一柱をカムスサナルノオオカミ様と称し奉る。

ナキご一柱でお産み成されたアマテラス様、スサノウ様と、ゆめお取り違え召さるなよ。ご二神で息合わせ、真釣りてお産みに成られた正神真神のご二神と、ご一柱でお産み成されたご二神では違うのが道理でござろうぞ。正神真神申すは、火水《カミ》構《カマ》えマコト真釣りたハタラキをなさる方々のことにてござるのぞ。正神真神のご霊統より産まれし神々は別なれど、ナミ、カミサラレまして後、お産まれの中つ神々様方は、未だ自らマコト真釣り無き、神成る神にてあらせられる由、おハタラキは片ハタラキにて、こ度一二三（ヒフミ）に結び真釣りて真神と成りなさる方々じゃ。

　天地を守護し給える正神真神のお二人方は、天地創成の初発より、こ度この地へミロクを現ずる元つ天の大神様のご経綸を直接に進み参らせる、艱難辛苦のご苦労の御役でござりたのじゃ。汝等にマコトの真釣りを取らすため、汝等が真釣りを外す度毎に、辛き心を鬼に致して真釣るマコトの岩戸を閉めて、気付かすために情け掛け、一成る花を願うたが、真釣り外すは数知れず、天のご守護を先に閉め、地のへのご守護もお閉めして、陰に参りてご守護を構え、掛けたる情けは数知れず、散る花ばかりが咲き行きて、今、今、今の悪しき世に成りたを知りて下されよ。真釣りを外すが岩戸締めじゃ申す事、よくよくハラに入れるが、お陰受く取る礼節にてござるぞ。解かりたな。よくよくお詫び申し上げて、感謝の響き鳴り鳴り持ち行き、三真釣り持ち行きてマコトの響き少しでも鳴り成して下され。

今今の人民様も中つ世の神々様も、ご苦労の無いミタマなれば、身欲ばかりを追い掛けて、情けのマコトを逆恨みなさりて、益々真釣りを自ら外して、メグリばかりを創り成し、出て来たメグリはスサナルの、総ての罪科《トガ》と責め着せて、地のへの岩戸も閉めらるる。仕組みの中へ居る者は、解からぬミタマであるが由、知らず冒すはあるなれど、もろうた情けを省みて、ちいとは身欲の真姿《マスガタ》に、気付き真釣りて下されば、今世のザマには成りはせんのじゃ。元つ仕組みに真釣り成す、総ての罪を負いおわす、カムスサナルノオオカミ様の真姿に、お一人なりとお気付きあらば、今まで気付きなかりた事どもを、お詫び致してその守護に感謝の心を手向けておくれ。大神様喜ぶぞ。その言魂を幾星霜《イクセイソウ》お待ち続けて参られたか、一人なりともマコトのことを、知りて下さるもうそれだけで歓喜弥栄の大神様にあらせられるのぞ。それ程のご辛抱のミチでござりたのじゃ。もったい無き程の至誠至愛の光輝溢れる神響《カムヒビ》きにて、こ度救世の御大神様にあらせられるぞ。

【ヒフミつるミヨイツりてイツムナるナナヤココノ座スベ(十)マツル(⊙)カミの真中はタテヨコナナメいつにありても五にござる三四五タテカエ岩戸開け五より一二三でタテナオス五六七結ぶカムシクミ】火《ヒ》の三角《ミスミ》。水《ミズ》の三角《ミスミ》。組み成して、正位に真釣ろう陰陽を、真中を要に正方に九つ御座に顕じたり。スサナル仕組みの九御座《クミクラ》じゃ。

地のへにミロクを顕ずるは、神幽顕、三千世界をタテワケて、地のへ三つにヨコワケて、マ釣る仕組みの経綸に、情けと花を忍ばせて、九条の御座と構えたり。

一（ヒ）の御座より始まりて、九つ統べて十（カミ）結ぶ神経綸の流れから申せば、今今はカムスサナルの七の御座にかかりて居るのぞ。今世とミロク代の境目にてあるよ。なれど神ご経綸の九つの御座申すは、総てが総て初発よりありてあるのぞ。時の流れにそうて段々にお創りになられたのではござらぬぞ。初発からありてありたのじゃ。取り違え致すでないぞ。ざから初発より九条の御座に真中があるのでござるよ。時の流れにそうて御座が出くるのであれば、真中もその都度変わりてしもうではござらぬか。こは大事なこと由、くどう申すぞ。真中申すは初源より万古末代変わらぬ御座じゃ。いついつにありても五《イツ》の御座《ミクラ》にござるを今今今に、ハラに据え立てて下されよ。こ程申すは、神ご経綸をマコト真釣ろうて参るには、いついつにありても経綸真中をスミキリさせるが、肝心要の大事な事にてあるからじゃ。こ程大事な真中申すが、ヒノモトの事にてある知りて下されよ。ヒノモト真中を透き清め、四方八方アメッチを、なべて統べりて真釣る御座が、カムスサナルノオオカミ様の御座じゃ申して居るのぞ。解かりて下されよ。

九条《クジョウ》の御座の経綸申すは、真中より八方に御座を構え、九条の構えに結ぶが由なり。これ解かるか、真中の御座が八つの御座を統べマ釣る、構えに成りて居る申しておるのぞ。真中の御座に何様が座《マ》されるかによりて、マ釣りが違うて参るのぞ。【真釣りの経綸】、『魔釣りの経綸』いずれかに決まりてしもうのじゃ。こは恐ろしき事にてあるのぞ。真中の御座が、総てを統べマ釣る基なれば、真中にマコトが立ちあれば、総ての御座にマコトが開けるなれど、真中にウソが立ちあれば、総ての御座にウソが開けるのじゃ。こは解かるであろうがな。川上にウソを流せば、川下もウソに染まるが道理でござろうよ。この度の事に関わりて申せば、ここに二千数百年ウソが座してござるのじゃ。八御座総てに蛇の頭が座して居るぞ、八頭のオロチじゃ。真中は三スクミ酷き様であるよ。善き九条の御座に致すも悪しき九条の御座に致すも、ひとえに真中の有り様にかかりて居るを忘るなよ。

火鳴る位の神幽顕、三段タテワケ致し参りて、水成る位の、ヒトなる人民様。ヒノモトなるクニツチ。アメツチなる全世界。三並び、ヨコワケに配しありて、火鳴る位をタテ上に、水成る位をヨコ下に、タテヨコ構えて組み鳴りた、九条の御座が汝等も、神をも統べる経綸の、見えぬ仕組みの構えにござりたのじゃ。水の位のそれぞれで、神幽顕を一二三にて、真釣ろう型を示しある、ミロクを顕ずる構えなり。こが九御座すべてを統べ真釣る、真釣るマコトの型示し、歓喜弥栄の構え鳴る、神ご経綸の御座型《ミクラカタ》にござるのじゃ。

九御座の火鳴る位の神幽顕申すは、日月地の事にてもござるのぞ。霊力体の事にてもござるぞ。火土水の事にてもあるぞ。一つの真釣りた響き申すは、総ての構えに真釣ろう響きじゃ、申し伝えし事。思い出されて下されよ。されば口心行の事にてもあるなれば、こは三真釣りの御座構えざ申すも解かりてくだされよ。

どうじゃ、アタマが痛うなりてしもうたか。なれど、こは大事なご経綸の構えにて、汝等が気付きある度毎に、汝等の真中を正し行く、鳴り鳴る響きの座すところにてござるから、汝等には是非にも伝え知らせねば、鳴らぬ事であるのじゃ。くどくど申すはこの方の思いに免じて許して下されよ。この方は何でもかんでも授けたいのざから、取れるものからどんどん取りて下されよ。この方は汝等の三真釣る響き、早う清らいで成り鳴り来るを、ジリジリ致して待ちて居るのぞ。

難しく考えねで善いのじゃ。汝等の申す三掛け三の掛け算思えばそれで善いぞ。

真中を含めた九つの御座で大き正方を形創りてる思えば善いのじゃ。その真中の真中が五じゃ申すは、正方の左上から下に向うて神（一）、幽（二）、顕（三）こをヒトの座のヒフミ申して居るのぞ。上のまん中より下に向うて神（四）、幽（五）、顕（六）こをヒノモトの座のヒフミ申して居るのじゃ。こに真中の真中の五があるぞ、解かるな。最後は右上から下に向うて神（七）、幽（八）、顕（九）こをアメツチの座のヒフミ申して居るのじゃ。簡単でござろうが。幽の座がそれぞれの真中に成りて居るも見知りて下されよ。解からなくあれば書いてみやれよ。すぐに解かるぞ。

一（ヒ）の御座申すは神の座にありて、汝ご自身の口の座の事にてあるぞ。汝ご自身と神の真言（マコト）の真釣ろう御座にござるのじゃ。こが初めの始めざぞ。汝の真中の二（フ）の御座にウソが立ちて居れば、汝は虚言（ウソ）を持ちて神と魔釣ろうて居るのじゃぞ。魔釣ろう御役の神あるも解かり参りて居ろうがな。気を付け召されよ。今世まではマコトの解からぬ汝等と、マコトの解からぬ神々が、魔釣ろう御役の神々に、良いようにだまされて居りたからマコトがちいとも出なんだのであるぞ。なれど、この方が表の世に出張りた今今は、許すは適わぬ事なれば、早う改心致されて、身欲を控え捨て去りて、清まる事が第一にござるぞ。

二（フ）の御座申すは幽の座にありて、汝ご自身の心の座の事にてあるぞ。こが汝ご自身の真中の御座ぞ。九御座の真中の真中は五（イツ）にござるが、そは汝等の真中の真中の事にて、汝が真先に真釣ろう真中は二（フ）の御座なるをハキリ知りて下されよ。こが、こ度の大変に関わりて肝腎要の鍵なる御座じゃ。こが力のお宮なるは伝え知らせ居るな。火をスクリと立て持ちて、火水を真十字に組み結ぶお土の力の御ハタラク、大事な御座にござるのじゃ。こがスミキリあらねば汝がミロクは適うまい。こが余りに曇りたままにありては、ヒとミが『✕』の姿に組み結び、汚れを負うたメグリが成り鳴り響き参るからじゃ。汝の口と行いが違うて参るは、こが曇りてあるからでござろうが。こが曇るは唯一つ、《身欲》を基と成しありて《我善し》力で我利我利に、生くる響きが巣くうて居るからじゃ。汝は《身欲》の中にありて、そに気付けず。メグル情けを《身欲》で避けむが証なり。幾再生転生の末期なるこ度はどうありてもスミキリあらねばならぬ御座ぞ。

三(ミ)の御座申すは顕の座にありて、汝ご自身の行の座の事にてあるぞ。こがこの地へマコトを顕す御座にござるのぞ。万象万物鳴り成らせる御座にござるよ。火のマコト、タテワケありて、お土がスミキリあれば、水の清きがそのままに、マコトに真釣ろうたカタチと鳴りて、顕れなさる御座にてあるのじゃ。こが真響き鳴るを一二三(ヒフミ)申すのぞ。三(ミ)が真響き真釣ろい結ぶがミチにござるよ。三が道ぞ申したはこの事にてあるぞ。神々も汝等もこが真響きてござらぬ由片ハタラキじゃ申して居るのぞ。片ハタラキ申すは、自ら基のその内の陰陽の不調和の事にてあるぞ。二(フ)の座が曇りて、一(ヒ)の座のマコトが少のうなりて、三(ミ)の座の水がマコト少のう響きにマ釣ろう由、水の御ハタラキばかりが強く出ある片ハタラキざ、申して居るのじゃ。これにては一二三(ヒフミ)のミチに至れぬも道理でござろうぞ。解かりたでござろうか。汝等の基の過ちは、火の位に座さすは適わぬ仇醜き《身欲》の響きを、知らず居座らせある事にてござるのぞ。そが由、水の御ハタラキで顕れなさる火土水(ヒトミ)総てが、ケガレを含みてマコトに鳴れぬのであるよ。解かりて下されよ。一二三(ヒフミ)が地のへ三座総てのミチぞ。ヒトの一二三。クニツチの四五六。アメッチの七八九。地のへ三座それぞれが、一二三(ヒフミ)の響きにて真釣ろうてあらねば、マコト鳴らぬのじゃ。

善いか、ミロク申すは、九御座すべてが、マコト、マコトに真釣ろうた、歓喜弥栄を、五（イツ）の真中が鳴り鳴り統べる御代のことにてござるのぞ。そは地への三座のそれぞれが、すべて真釣ろうて初めて適うが由、ヒトの座の一二三の〔三〕、クニッチの座の四五六の〔六〕、アメッチの座の七八九の〔九〕、地のへ三座の御座のご称名〔三〕〔六〕〔九〕を拝し奉りて、ミロクと呼び習わしめたを知るが善いぞ。解かりたか。総ては九条の御座の型にて示しありたのじゃ。

もちょっと教え置くぞ。正方に納まりた九つの御座を、真中を含みたタテヨコナナメ、それぞれに足してみやれよ。いずれも十五に成るであろうがな。そが十（カミ）の真中はいつにありても五じゃ申す事にてあるのぞ。善いか、こ度ミロクが顕ずるは、真中の五がスミキリてマコトが現れるに依りて、スサナルノオオカミ様が響きにてお出ましなさる由、真中の〔五〕より開かれてスサ〔七〕ル様のお出まして、ミロクの響きが鳴り顕れなさるにより、五六七（イツムナル）と書かしめて、こもミロクと呼び習わしめたのであるぞ。解かりたか。九条の御座の構え申すは、大き神仕組みに真釣ろうご経綸でありたのじゃ。とくとごろうじあれよ。汝が清まりて来る程に、汝を教え導く構えにてもあるのぞ。

一二三と真釣るがヒトの成す、マコト顕ずるカタチなり。四五六と真釣るがクニツチの、一二三（マコト）顕ずるカタチなり。七八九と真釣るがアメツチの、一二三（マコト）顕ずるカタチであるのじゃ。こが水の位を統べ真釣る一二三（ヒフミ）と鳴り鳴る型示しであるぞ。ヒトにありても、クニツチ、アメツチにありても火鳴《ヒナ》る位に座しまする、神鳴る響きをおろがみて、透け切る響きの幽の座で、授かるマコトを立て持ちて、水成る響きを和し添える、顕に現し鳴りなさるマコト真釣りの御座型にござるよ。霊主心従体属の正位マコトのコトワリにござる。

水の位の顕の座申すは、地のへの事じゃよ。地のへ三ワケそれぞれの真中の御座申すは、火の位の〔幽の座〕なれば、ヒトにありては二〔フ〕の御座。ヒノモトにありては五〔イツ〕の御座。アメッチにありては八〔ヤ〕の御座とそれぞれに持ち居るなれど九条の御座を構える経綸の、真中の真中はヒノモトの五〔イツ〕の御座にあるを忘れて下さるなよ。

地のへの三座総てが真釣ろうは、構えの真中の真中なる、ヒノモト真中の五なる座が、スミキリあらねば、叶わぬ事でありたのじゃ。なれどちいとも適わぬ有りザマでありた由の、こ度の大変であるよ。ヒノモト真中が曇りたは、初発にアメッチ真中が《快欲》に、囚われ曇り参りて来る程に、鳴り鳴る響きがヒノモトに至り渡りて参りたのじゃ。なれどヒノモトをご守護致す神々が、正神真神の大神のマコト真釣る御心の、真釣る真中の尊きを、ちいとでも気付きなさりて居らるれば、曇りをハラウも出くりたのじゃが、真釣る真中のご苦労の、自覚全く無き道楽な性根にてござるから、自ら進みて《快欲》に、囚われ曇りてしもうたのじゃ。九条の御座真中のヒノモトが、曇りてしまえばそれだけで、八方囲みた八御座、総て曇るを知りて下されよ。汝の真中も同じにござるぞ。

今今は五（イツ）の真中を《快欲》に、絡みた嘘なる『あやま知』が統べ魔釣る、身（三）欲（四）苦（九）の構えと鳴りて居るを知りて下されよ。四（ヨ）の御座はヒノモトの、火鳴る位の御座にて、元つ天地の大神の、正神真神の坐《マ》す座《ザ》にて、仇汚れし神々の、触れるは許せぬ座にあるを、ヒノモト地のへをご守護する、日本を預かる者共のハラが腐りて居る由に、幽の心の五（イツ）御座、曇りに曇りてケガレさしヒノモト神御座《カミクラ》四（ヨ）の御座、天地に仇なす神々が、座すをも気付けぬ曇りザマ、知らず気付けぬそのままに、天の御祖《ミオヤ》と魔釣り上げ、世界に仇なすものと鳴る。御ミの保身を第一に、マコトを捨ててヨく魔釣り、戻り帰りてクに結ぶ。《快欲》に囚われたる《我善し》力と『あやま知』の、仇ケガレし神々が改心出来ずにそのままに、四（ヨ）の御座に居直りて《身欲》を基のそのままに、何とか自ら手の内に、末代致すお積もりでジタバタ画策なしあるは、総ての総て知りて居るのぞ。最期の最後じゃ、どうなりとかかりて参られよ。こ度は得心致すまでかかりてござれ申して居るのじゃ。九分九厘までは勝たして差仕上ぐる程に、いよいよ精一杯かかりて来るが善いぞ。今今の改心は許すなれど後は無いのぞ。

　解かりて下されたか。ヒノモトは世界のヒナ型でござるから、世界の真中でござるから、ヒノモトの真中が曇り居れば世界も曇るが神仕組みにござりたのじゃ。それ由、初発にヒノモトのタテカエ致す申すも解かるでござろうが、タテナオシとて同じこと、世界の御祖のヒノモトが地軸の立ちたる新《サラ》つ地《チ》を、地の日月の神成る自覚を開き持ち、統べるマコトで範を垂れ、口舌の無い世に整えて、ミロクへ結ぶが天命にござるのぞ。何事もヒノモトから始まるのじゃ。タテナオシに入りて暫くは、何かとゴタゴタ致すのであるが、岩戸は既にタテカエの最後の最後に開けて居る由、ミロク様も代にお出まし成されて居られるから、何か事ありた時には大神様がご守護を出されるぞ。この方からも、それはこう。あれはこう。申してあるから、汝は立てたマコトを持ち行きて、神と共に天命を歩んで下されよ。タテナオシ申すはスメラのミタマの天命にありて、この方とその方で共に耕すご苦労じゃ。ミロクと統べりたその時に、この方からマコトにご苦労様でござりたと、厚く御礼申し上げ、末代名の残る万古弥栄の誉れの響きと鳴らしめさせて頂くぞ。汝等皆々、危うき身欲は控え捨て、天命自ら掲げ持ち、ミロクを結ぶそのための、基と鳴るため今今を、三真釣り持ち行き魂磨き、嬉し喜び行なして、マコトの響く者と成り鳴りて下されよ。身欲残すは恥を残すぞ。善いな。

九条の構えの九御座《クミクラ》の、大事なヒノモト神座《カミクラ》に、欲を基の神々を、魔釣りて据えたままにては、解け滅ぶがお仕組みの、元つマコトの神真釣り、上がダメなら、下だけで、尊きミロクを迎えるに、仕組み構えの在り様は、汝等お一人お一人の、基の内に構えたる、九御座真中の五（イツ）の座を、クニツチ思う幽の座を、元つ天地に生かされる、元つ天地の大恩に、マコト気付きて神カエリ、御祖の御心知らずして、かけたるご苦労恥じ詫びて、感謝に鳴り鳴る響き持て、欲にケガレし幽の座を、洗い清めて透け切らせ、元つ天地の大神を、崇め敬い真釣ろうて、授くマコトを護持致し、透け切る幽の御座にて、形顕す水添えて、和して真釣ろう響きにて、地のへにマコトを鳴り鳴らす、四五六（ヨイツム）統べるが汝等の、日月の神鳴る御ハタラキ。透け切る真中を護持するは、日々生くる汝等の、ヒトの座真釣るが基にて、マコト真釣るの一二三鳴る、口に違わぬ心行を、神座座しまず言魂を、真釣り敬い気を付けて、透けりた幽の座心の座、マコト構えて組み成して、日々結び鳴る響き、水の清きを行鳴すが、三真釣り持ち行くマコトなり。一二三（ヒフミ）つる三四五（ミヨイツ）りた六（ムツ）なれば、マコト出雲の五六七（イツムナ）る、尊きミロクを迎えある、真神の仕組みし九御座の、マコト真釣りし構えなり。タテカエ終わりてタテナオス、七（ナナ）八（ヤ）で止めて、七（ナナ）鳴りて、八（ヤ）御座マコト開きしめ、九（ク）御座九（ココノ）座統べ（十）真釣り、末代ミロクの弥栄の、元つマコトの神真釣り、戻り上ぐるが真釣り（◉）鳴り。

汝等ご自身のタテカエ、タテナオシも同じでござるぞ。神々も汝等もミロクをこの地に顕すが天命なれば、ご自身の基の内なるその中に九条の御座を構えてござるのじゃ。難しくとらえで善いのぞ。汝の真中が曇りて居れば八方囲みた八御座も総て曇る申して居るだけぞ。大き構えの神経綸と同じことぞ。同じ構えが初発より汝のハラにも据えられ居るのじゃ。ヒトの座を汝がご自身の座。クニッチの座を汝が家の座。アメッチの座を汝が世の座。思いても善いぞ。それぞれに神幽顕一二三（ヒフミ）に真釣るも同じ事じゃ。いずれ汝が真中が曇りて居れば、囲む八御座総てが曇るぞ。真中が腐りて居れば、外も段々腐りて参ろうが、いくら外見ばかりを整えなされても、ちいとも直りは致さんであろうがな。正味《ショウミ》の真中をそのままに、形ばかりをナオスを治す申すのぞ。そは水の御ハタラキを基の台となすが由なるぞ。真中の正味からナオスには、火の御ハタラキを基の台となし水の響きが副いなして、初めて顕幽双方が直るのでござろうが。三真釣り持ち行くがそうざ申して居るのじゃ。今今は水の御ハタラキにて現しなさる思いの基が身欲でござるから、現れなさる事どもは益々取り返しのつかぬザマと鳴りて居るのぞ。由に申して居るのぞ、神の響きを敬いて、火の御ハタラキでマコトタテワケ立たされて、身欲を控え捨て去りた透け切る心の幽の座で、水をマコトに真釣ろわせねば、総てがケガレし響きとなるを今今に、知りて解かりて下さるが、急ぎ汝の成す事にてあるのぞ。早うマ釣る基の心の座、透け切る響きと成しくれよ。

汝等皆々スメラの身魂の神民なれば、ヒノモト真中申せば、汝等皆々の真中の事にてあるもハキリ知りて下されよ。なれば今今ヒノモトの、真中の御座のケガレ鳴る、誰ぞの響きの鳴す業か、申すも恥ずかし事なれど、神々含む汝等の心底今今ここに来て、開きて明けねば解からぬか。ミタマの改め必ずあるから、神の神民恥ずかしゅう無い様、日々に心清め参りて下されよ。汝等が恥ずかしくあるなれば、この方も恥ずかしいぞ。汝等皆々、地の日月の神と崇め真釣らるる神成る身なれば、汝のケガレがヒトをも含むアメツチに、及ぼす恥力《チリョク》をご自覚召されよ。

解かりて下されよ。汝等が地の日月の神成るを忘らいで下されよ。神鳴《カミナ》らねばならぬ汝等なればこそ、汝等お一人お一人が麗しく透け切りて、この世にあらねば持ち行けぬ天地にてあるのぞ。数は要らんぞ。数は要らんが、汝等お一人お一人が神成る身なれば、一人も余す事なくお伝え致したく願うて居るのじゃ。お一人も余す事なく見事、神鳴られるが大神様の切なる願いにてあるのぞ。至慈至愛あるが由の、汝に伝うる止めのフミにてあろうがな。襟を正して参られよ。

汝が真中に《身欲》を基と据え置かれては、九条の構えが『魔釣り』に変わるぞ。元つ仕組みにス直に鳴りて、何事も身欲を控えて【ヒ】を真先に立てある様、心スミキリ居らねば危ういぞ。今世申すは九分九厘、『魔釣り』の世と成りて居るは申し伝えあるなれば、汝の真中に据えある九分九厘はいずれのモノにてござろうか。今今に、とくと心底検《アラタ》められるが善かろうぞ。

三千年に渡り仕組み参りた、『魔釣り』の表を操る蛇の者共は、《身欲》を餌に金で釣りて思想を煽り、継《ツ》ぎ接《ハ》ぐ学にて仕組み説き、真釣り外せし枝だの葉の形を基の科学にて、思うが御代を造らんと成し来たりたのぞ。末代マコトに至れぬ、善を偽る『あやま知』で、『ウソ』を基の策謀で、この世を支配し参りたのであるよ。なればこれにて幾生も、育たれありた汝等の、ハラの真中に据え立つモノは、汝等が気付き無くありたなら、そは仇恐ろしき『ウソ』にござるが道理であろうが。身欲のためなら節度なく、何でも信じる『ウソ』にござるよ。知らぬは汝等ばかりなり。真中が総ての御座を統べ居るなれば、汝等の総ては、身欲のご都合に魔釣り副う、『ウソ』に依り立ち居るを今今に、ス直に知りて取らるが善かろうぞ。我のハラは大丈夫じゃ等と申して居るのでないぞ。天をも含む地を創り、神をも含む汝等を創りせしこの方の申す事にてある。一言半句の否やも言わせはせぬぞ。今のままでは汝等が危ういから言うて居る。黙して聞くのじゃ。素性卑しき《身欲》の響きを、永きに渡りて忘れる程に、汝等のハラに住まわせ居るから『ウソ』が入りても気付かんのじゃ。ご自身でミタマの検め成しくれよ。

人民様の曇り様は救い難きに至りた由、多くを伝うも詮無《センナ》きことなれど、汝等は少しでも曇りたマナコを明なに致すが大事にてござるから、今少し申し置くぞ。汝等は人の生き死の長短を神の無慈悲と嘆ずるが、そも《身欲》が基と知り居るか。短き命は医学の遅れた悲しき事にてござろうか。不慮の事故死は神の無きが証にてござろうか。なれば長く生きるは、医学の進みた嬉しき事にてござろうか。神の座し座す証にてござろうか。人の生き死の長短は、真釣るマコトのコトワリの、大事な情けの仕組みにて、大悲大愛の事にてあるは汝等も、深きところで知り居るなれど、《身欲》な思いが段々と、強きに響きて鳴り来ると、《身欲》を果たす基なる、この身、この時大切と、生くる基のマコトなる、生かされあるを忘れ去り、長きを得るに自らが、《我善し》力と『あやま知』で、長寿を図りた成し様は、真釣り外したそがために、多くのケガレを結び行く、囚われ曇りをカタチ成す、メグリ深める末期道。生かされある申すは、真釣るコトワリに鑑みて、生かす者はどうありても生かし行き、引き上ぐる者はどうありても引き上ぐるが神のオキテなれば、こに身欲人知を持ち込みて、情けの仕組みに仇成すは、カタチばかりのその内に、更なる情けを創り行く、げに恐ろしき魔釣り業。末期の酷きを知りぬるか。

この方がこう申せば、医学は悪しき業じゃ。医者は魔釣りの使い魔じゃ。なぞ取り違え致す底の浅き人民様も居られようから、ちいとご注意申し置くぞ。

この方は、痛き辛きを治すが『あやま知』申して居るのでないぞ。こを取り違え致しては、片ハタラキの神々や狐や狸の戯言《ザレゴト》になりてしもうから、ハキリ申し置くぞ。善きか。汝等、真釣り外せば、情けが出くるは申し伝えあろうがな。なればこの世が『欲』と【情け】の両輪で動き参りたは解かりあるな。真釣りを外す度毎に情けをかけて参りた申しあろうがな。大神様は総てを知られ居りて、至誠至愛で汝等に情けをお渡しなされ居るのぞ。汝等の今がか弱き心身で、堪え得る情けをかけるのじゃ。痛き辛きを顕すが情けの表にてござるのぞ。病みたる表の顕れを水を基の医術にて〔治す〕が花の表にござるよ。堪ゆる辛抱が情けの裏じゃ。大神様も共に堪えてござるのぞ。汝一人の痛みで無いぞ。顕幽《ケンユウ》双方の世界に苦しむ総てのミタマの苦しみを、御身ご一人に移され堪えてござるのじゃ。この世に在りて有るものは総ての総て神なるが由ぞ。解かるでござろうが。堪ゆる辛抱が情けの裏じゃ申したが、こで汝等が、身欲にありて何かの真釣りを外しありた事に気が付きて、自らを生かし支えある元つ天地の深きご恩に、お詫びと感謝の響きが鳴り鳴り出くれば、真釣るマコトがハラに咲くのじゃ。ハラに咲かせた花一輪、こが花の裏にてござるのぞ。こが咲けば顕幽ただちに【直る】を知りて下されよ。外した真釣りのメグル響きも、真釣ろうた申すことにてあるぞ。

なれど汝等皆々は、何時いつにありても気付けぬままに、水を基の医術のみで【直り】た積もりで〔治り〕て居りて、正味のメグル情けはそのままに、新たに酷きメグリを育み行くのじゃ。外した真釣りは気が付きて、真釣ろう響き出るまでは、万古末代鳴り鳴り響きて消えはせぬ、申したであろうがな。新たな酷きメグリ申すが、難しき病と鳴り行くは解かるであろうが。こが身欲を基の種となす医学の魔《マ》化《バ》けを促《ソ》くすのじゃ申して居るのぞ。誰ぞが医学の『あやま知』を押し進め参り来たか、これでハキリ解かりたでござろうが。医者の治すが魔釣りで無いぞ。汝の身欲が魔釣りでござる。人を責めむも業を責めむも恥ずかしき限りにてあるよ。汝の身欲が基じゃ。良う目を見開かれて、スミキリてあれよ。

これで少しは解かりたか。医学に限らず総ての『学』や『業』呼ばれるものは、九分九厘、人民様の《身欲》を基と成し居るが由、末のこ度は総て解くぞ。解く申すは新《ア》ら魂《タマ》をお入れ致す申す事にてもあるぞ。何もかも綺麗サッパリ無うなる言うて居るので無いぞ。取り違え致すなよ。『商』の響きは末代無いぞ。そばかりか政治も経済も律法も総て無う成るぞ。タテナオシよりミロク代へ至る暫しの間、三つが一つになりた様なハタラキが在るだけぞ。マコト、ミロク代へ至りなば、農鳴る響き、漁鳴る響き、林鳴る響き、鉱鳴る響き、医鳴る響き、身欲を外したる総ての響き、新ら魂もお入りに鳴られて、一如に鳴り鳴り真釣ろう響きになりて、在りて有るのぞ。真釣りあるだけの、歓喜弥栄の御代と鳴るのじゃ。

ざから『商』や『業』が無う成る申したは、そを支える初発の基が保身なる、身欲に発し在るからじゃとくどう言うて居ろうが。生かされあるものに保身の必要無きも申したな。逆に真釣るマコトのお邪魔に成るも解かりたであろうがな。今今の『学』や『商』や『業』の発展申すも、『魔釣り』に囚われた申すも、汝等お一人お一人の《身欲》強きが因でありたと、よくよく真ス直に取りて解かりて下されよ。【真中】に《身欲》の『魔釣るあやま知』を据え置くが、いかに気枯れケガレし世と成せしあるか、八御座総てが曇る申したも解かりたであろうがな。なれば、そを基と成したる力持て、力ある。国力ある。申すはマコト恥ずかしき事にてあろうが。ざから恥力じゃ申して居るのじゃ。解かりたか。

汝は知らず、気付かず。汝の真中に座し座すモノがマコトのモノで無いなれば、総てが総て知らず身欲に仕え魔釣る様になりてしもうのじゃ。真中に座《マ》し座《マ》す尊きは、マコト火の位の至誠にておわすなれば、心スミキリあらねば適わぬ事ぞ。

汝等皆々それぞれにマコト聞きワケ護持致し、二（フ）の座、幽の座、心の座、こ度真中の要石、曇りハライて水晶のスミキル素型と鳴り鳴らし、ハキリタテワケ鳴りた火と、マコト組み組み組み結ぶ、水の清きを取り戻す、透け切る一二三（ヒフミ）の神と鳴る。解かりたでござろうか。フミにてマコトを聞きワケて、心の曇りを一つずつ、ハライ落として下されて、見え来るマコトを護持致し、口と心と行いを、違《タガ》わず顕すそのことが、こ度の汝のタテカエにござるのぞ。タテカエ進みたそれ相応、真中のマコトが肥え太り、段々、真釣りが解かりて来るから、マコト真釣るが進みて参りて、ものごとも楽に進む様に鳴り成りて来るぞ。それまでのひと苦労ふた苦労申して居るのじゃ。苦労の多きはまだまだに、曇りマ釣りて居る由と、自ら厳しく清まるが至誠至楽に至るミチじゃ。励みて下されよ。

大事なことを申して置くぞ。汝等を至誠至楽に導く、三真釣り鳴り成すに外すは適わぬ基の事であるぞ。外すは適わぬ基申すは元つ天地のご恩の事じゃ。マコト大事な事にてござるのぞ。汝等の思いも及ばぬ、真釣るに外せぬ、大き要のおイノチにござるから、簡単な言魂思いて軽く聞き流し居りては、すべての総てが水の泡と成りてしもうから、一度で取りて真ス直に行じて下されよ。汝等皆々忘れて居りた元つ天地のご恩を今今にハキリ気付きて、汝は知らず冒したとは申せ、汝が産みなされし初発より今今の今に至る迄の、汝の成せしご無礼の数々を、これよりは産《ウブ》な心に立ち戻りて深きお詫びを結ばねば、こ度の後は無きが世と知りて解かりて下されよ。マコト、マコト外せぬ大事なことにてあるを知りて下され。

汝は知らず、親のご苦労を土台に致して、踏みつけに致して、なお解からず身欲に走りて不平不満を言うて居りたのぞ。子が親を殺すも今世の型示しにござるのじゃ。今世の人民様の有りザマ申すは、皆々九分九厘取り違え致し居りて、身欲を基の生きザマに逆転致して居るが由、天地に仇成すお子と成り果て居るのじゃ。今のままにありては天地の御祖を殺すがオチぞ。御祖を殺してご自身が在ると思いてか。身欲の所行申しても程があろうぞ。神が無くれば何も無い申して居ろうがな。親にお子を殺させる様な惨き真似、させんで下されよ。神、頼むぞ。

今生の我の身には覚え無き事じゃ、我は清く正しく生きて居る。なぞ恥ずかしき申しザマするで無いぞ。神、恥ずかしいぞ。神の民が恥ずかしきザマに在れば、この方も恥ずかしい申したであろうがな。数うも適わぬ永き幾転生再生におきて、汝が元つ天地のご苦労を感謝も無しに、当然の事と致して、無断で盗み生きた事どもは消せぬ事実にござるのぞ。無から有を創り出せぬ者どもが何故に生きて居られるか、生かされあることに気付きて下されよ。この世に在りて有るものは、木の葉一枚、髪の毛一本、砂利粒一つ、神のものにてあらざるものは何一つあるは適わぬ事なれば、人民様のものは何一つ有りはせんのぞ。無から有を産み出す適わぬ人民様でござるから、元つ資源の【有】持ちて、有なる物々作りておるのでござろうが。汝等支える【元つ有】このまま一挙に引き上げられて、汝等いかで生き行く申すのぞ。そ程大事な元つ天地のご苦労を、身欲利便の好き放題、勝手に持ち荒らしたを泥棒と、申すも尽きせぬ悪しき業でござろうが。そを、こは我のものじゃ。こも我のものじゃ等申して、神に無断で勝手に所有致した挙げ句、売り買い致して、相い争うて息も出来ぬ程の我利《ガリ》我利《ガリ》の世と成さしめしもうたではござらぬか。いかで天地を売り買い出くるのぞ。この方、誰ぞに売りた覚えも無くれば、誰ぞから買うた覚えもござらんぞ。無から創りたのじゃ。元つ火の響き鳴り鳴りお出ましなされてお鳴りに成られたのであるぞ。大神様の清き尊き響きを汚すも好い加減にしなされよ。世も持てぬ《我善し》力の天下の大泥棒を魔釣り上げ、『魔釣る経綸』の仕組みある、仕立てし使い魔なる金に、たぶらかされて踊らされ、身も心も腐り切り、挙げて天地を持ち荒らす。身欲に使われるお金も哀れであるが、お金の要るのも今暫しじゃ。マコトは金では買えぬ由じゃ。

よう聞きあれよ、この天と地に、売り買い出くるものは何一つありはせんのぞ。なれば汝等の有りザマはオカシキ事にてあるを知りて下されよ。そんな事は解かりて居る申すその口、その先で、一筋のマコトもなさず、楽な道ばかりを探し居るはトコトン性根の腐りた証と取りて異存はなかろうな。そんな積もりは無かりた、申し訳無くありた思える鳴れば、産な心に立ち戻り身欲が成せし悪しき業、今、今、今に、気付きあるが大事にてあるのじゃ。成せし来た事どもは消えぬ響きにござるから、元つ天地の大神様に、心底からの深きお詫びと感謝の響きを日々に鳴し出されて、これよりは天地の理法に違わぬ、強きス直な性根を磨き出される様、意乗り行じて下されよ。三真釣り持ちてなさるがマコトぞ。解かりたでござろうな。それ無くば、汝の成し来たケガレし響き、一挙に一度で渡すその他に、ケガレ真釣ろうミチは無いのぞ。今今ここに至りて尚、困らせねで下されよ。

元つ天地のご恩の事をくどくど申し参りたは、汝の【口・心・行】を違えず一如と鳴し行く三真釣りを、護持ご守護致すは改心の、深き浅きで決まりて来るからくどう申して居るのじゃ。改心出くるそれだけで、真釣るを外すが無うなりて来るのぞ。マコトの改心が強き支えと成り鳴りて下さるを、ゆめお忘れ下さるなよ。天地の総ては真釣りあるだけなれば、真釣りが真釣りを助けてくれるのじゃ。

マコト真釣ろうてあれば、たとえ汝が暑き地にあろうが、寒き地にあろうが、汝に暑き寒きは無いのぞ。そは汝が暑き思わば涼けさが寄りて参るからぞ。汝が寒き思わば暖かきが添いて来るのじゃ。今ザマの汝等に、こを解かれ申すはご無理ご難題なるを知りては居るなれど、こが如きがウソにてあらば、この世に神は座しまさん。真釣り申すは歓喜弥栄じゃ申して居ろうがな。不都合はどこにも無いのじゃ。今ザマの如くに、汝ご自身が暑きを避け寒きを避けむ必要はどこにも無いのじゃ。なれど身欲に囚われあれば話は別じゃ。

人民様はこに囚われあるから、我知らずとんでもないことを平気で成し参り来たのであるよ。在りて有る総ての響きは大神様の授けものじゃ。そが由、総てに感謝致し一如に真釣ろうが、生かされある汝等の初発のミチにありたものを、汝等は真先に身欲に走りたのじゃ。身欲と感謝は裏表にござれば、感謝あれば身欲生ぜず。身欲あれば感謝生じぬのじゃ。こは解かるでござろうが。感謝は一如に真釣ろう響きにて、身欲はどっちが損か得か、どっちが苦か楽かに分かれ進む分裂の響きにてあるぞ。こが汝等の使い居る知恵の基にござるぞ。こを『分かつ知』申すなり。末代一如に真釣ろえぬ響きでござるよ。こが『あやま知』産み成す母体にてござるのじゃ。汝等が《身欲》に囚われ居るから、せっかくのアタマが『あやま知』に走るのじゃ。もったい無い事をなさらいで下されよ。

善いか、汝等はどっちが苦か、どっちが楽かの快欲に囚われて居る由、総てを二つに分け進み行くのであるよ。神々も汝等も、自らにご苦労致して産まれ出られた訳ではござらぬから、初めから真釣るマコトを知り得ぬも無理なくありたなれど、ちいとはご苦労なされてみれば、感謝の響きも鳴り出して、真釣ろう響きに入るも出くたでござろうに、汝等は楽ばかりを追い求める様になりたが由、苦を知る事になりたのじゃ。感謝の一如に真釣ろう響きにあれば、苦楽一如にあるだけなれば、苦も楽も知る事は無かりたのであるぞ。苦楽に分裂する事は無かりた申して居るのぞ。至楽あるのみでござりたのじゃ。なれど汝等は身欲の分裂する響きに入りて居りた由、どっちが楽かと比ぶるから、楽を知るのに苦も知る事になりてしもうたのじゃ。既にこに感謝の響きは無かろうまい。『分かつ知』で知る言うは、一如に真釣ろうハタラキを二つに分けて知る申す事にてあるのぞ。どっちが早きか比ぶるから、遅きも知る事になるのじゃ。どっちが善きかと比ぶるから、悪しきも知る事になるのであろうがな。こも既に感謝の響きは無かろうぞ。心が曇りたが由でござるよ。苦ある悪ある申すなれば、そは『一如に真釣ろう響きを分け知りた』そが事にてござろうが。そが真釣りを外した証にてもあるのざぞ。そが汝等の知恵の正体にてもござるのじゃ。なれば『苦』申すは、そが知恵で汝等ご自身が創り出した『苦』なるを知りて下されよ。元つマコトの神真釣りには『苦』は影さえ無いからであるぞ。なれば初発の『苦』より今今に至る総ての『苦』申すものは、そこそ総て汝等の創り出せし『苦』にてあろうがな。こはゆめ忘れて下さるなよ。今に至りては『苦』あるを当たり前ざ思いてござらぬか。『苦』を『楽』に変え行くが人生ざ思いてござらぬか。よう曇りなされたなぁ。

汝等は『苦』を自らの力にて、『楽』に変え来た如く思い成して居られようが、そうでは無いぞ。逆さじゃ。『楽』に変えた思いて『苦』を創りて居るのじゃぞ。善いか、よう聞きやれよ。自らが創り出せし『苦』を、そも元々無きが『苦』を、『楽』に変え行く申すは、いかなる事にてござろうか。自らが創り出せし『苦』申すは、真釣りを外したが由に現れたのでござるから、汝等のどちらが楽じゃ、どちらが得じゃと比ぶる『あやま知』分かつやり方で、いかで『楽』に変え行く申すのぞ。真釣りを外すやり方では、なさり様が逆様でござろうが。そは『苦』を『楽』に変え行きたにあらざるぞ。現れなされた『苦』を更に、新たな『苦・

楽』に分けしめて、新たな『楽』を選び作りたに過ぎぬのじゃ。そは更に『あやま知』病みた申す事にてござろうが。真釣りを更に外し行きた事にてござろうが。真釣り外せば、情けのメグリが『苦』となりて、真釣り外したる事どもを、知らせ参るがお仕組みなれば、そは、新たな『苦』を自ら呼び入れた申すに同じ事にてござろうが。汝等は生くるに現る『苦』を更に、身欲を基の『苦』と『楽』の二つに新たに分け進みて参りたのじゃ。ちいとも初発の『苦』は真釣ろい戻れぬばかりか、汝等が『分かつ知』で進めば進む程、新たな『苦』を創り続けて参りた申すも解かるでござろうが。逆に分け進みた事どもを、一つに集めなおせば良い等と情け無きことを申して下さるなよ。同じ事じゃ。分け知る世界が見え来るだけで、『苦』はちいとも減りもさん。増えるだけぞ。末代真釣る一如には、至れぬ愚かな浅知恵じゃ。人民様、時が無いのじゃ。好い加減に目を覚まして下されよ。メグル苦楽の輪廻に入りてしもうて居るぞ。

ついて参りて居るか。人民様の囚われ居る『あやま知』申すは、マコト、オカシキ事にてあるから、無理に解かる必要は無いのじゃが、アタマで着て。アタマで食べて。アタマで住み居る。救い難き者共にハキリ『あやま知』の正体を伝えねばならぬ由、今暫しくどう申すも許して下されよ。ス直に元つ天地の大恩に感謝を致し、今までの有り様を心底より、詫びて改心出くる程の者なれば、こが事は解かり取れねでも善いぞ。難しく思いたら、解かるとこだけ取れば善いのじゃ。心配致すで無いぞ。この方の申したきは、マコトの改心を持ちて三真釣りなされて欲しくあるだけにござるから、【口と心と行い】を違えず一如に真釣ろうご苦労を致して下されば、それで善い。そが一番ぞ。この方もそが一等嬉しいのじゃ。ここまで良く良くついて参りた。もう後少しじゃ。ゆっくり、ゆっくりついて参られよ。この方がお手を引いて居る由、手を離すで無いぞ。解かりたな。

何でもそうであるぞ。神の真釣りに外れるものは、人、物、事にかかわらず万象万物に渡りて不都合出くるが神法にてあるのぞ。そは真釣り外した情けの知らせあるに、人民様は真釣りを忘れ身欲にどぷり囚われあるが由、身欲勝手に物事を進め成し、次なる不都合現れい出来たるを、あたかも未開な不調和を見るが如く思い為し、自らこそが真釣りを外れたる不調和なるに全く気付けず、更なる欲膨れの手前勝手な思いにて、自らこの世に出せしある、真釣り外した不調和をまたまた身欲で外し行く。こが今ザマの人民様の真姿にてござるぞ。

善いか、今少し汝等の《身欲》を基の『分かつ知』が、今世の酷きを作り成す、過つ先の狂いザマ、寒暖一つ取り上げて、例えて伝うる事ほどに、自ら辿りて見なされよ。汝等が身欲を基の『分かつ知』で一如の響きの寒暖を、二つに分け知りなされたが、寒いと申せば厚着なし、暑いと申せば薄着なす、『過つカタチ』の産み初めじゃ。このヒノモトは薄布一枚にて、心地良く過ごせる結構な国にてあるのぞ。汝等が一如に真釣ろい生きあらば、その如きカタチにては現れ来ぬものにてあるのじゃ。思いも見て下されよ。どの様な暑きところ、寒きところにありても、生かされあるものは在りて有るのぞ。なれど寒暖に合わせ、自ら真釣ろい授かりたマコトの衣以外なる、『過つカタチ』の肌衣《ハダゴロモ》、着替え着捨つる生きものはどこにも無いぞ。この方がその様に創りて有るからじゃ。その地その地の自然と真釣れる様、創りてあるのぞ。まして汝等皆々は、尊き神の鎮まれる尊きお宮と成して創りありたのじゃ。その地その地の気候風土に真釣りて創りしお宮なるぞ。五色人種見てござれ、世界のぐるりを見てござれよ。暑き寒きに真釣れる様、外見も中身も違えて創りてあろうがな。日月の響きも違えば、お土の響きも違うによりて、育む響きも違うて居るのぞ。そのお土より創りた汝等、そのお土より取れしマコトの響きと真釣りて居れば、苦はどこからも産まれはせんのじゃ。

この方は、寒暖を我慢致せ申して居るので無いぞ。取り違え致すなよ。この方が申すは『苦』から逃れん思うその前に、神と真釣ろう感謝の響く心に在りせば自然と真釣りた善き手立て、顕れ産まれ成り鳴るを、くどう申して居るのじゃぞ。

真釣りを我慢思うは違うて居るぞ。ヤセ我慢致せ申し居るので無いぞ。汝等が我慢思うは、魔釣る手立ての『分かつ知』で考え居るからじゃ。真釣りに我慢はありもさん。魔釣りから真釣りに変える一時に、鳴りて顕る響き成る『苦』鳴る響きに惑わされては鳴らぬ由、特に注意致し置くぞ。真釣ろう響きでお産まれなされた真コトのカタチと、魔釣ろう響きでお産まれなされた魔コトの『過つカタチ』ハキリ、タテワケ出くる様になりて下されよ。

厚着、薄着の事ぐらい、さしたる事では無かろうと、思うが初発の終末の真釣れぬ響きと鳴るのざぞ。この方とて厚着、薄着に目くじら立てて居るので無いぞ。真釣り外すに気が付かず、『過つカタチ』で冒し行く、『あやま知』招く酷き世を知りて解かりて欲しいから、か程くどう申して居るのじゃ。軽く思いた初発から、その先いよいよ見てござれ。身欲で引いた糸先を、曇りたマナコを見開いて、いよいよハキリ見てござれよ。『あやま知』病みたる汝等の、暑き寒きを癒すため衣変え、食変え、住変えて防寒防暑に精を出し、カタチに冷暖魔釣ろわせ、真釣ろう基の自らは、真釣れぬ響きと成りたのじゃ。《身欲》を基に汝等が、寒暖分けたがそのために、防寒防暑の『あやま知』の、科学と呼ばしむ魔釣り業、魔釣るカタチを維持するに、元つ天地の資源から、石掘り燃やして水止めて、都合の好い様使い成し、神の真釣りを外し行き、油汲み上げ好き放題、燃やし化かして真釣ろえぬ、『過つカタチ』に奉仕させ、膨《フク》れる身欲を支えんと、魔釣るが求めた原子力、真釣る基はそのままに、カタチばかりに魔釣ろわせ、魔釣るカタチがあり無くば、生くるも難くなる程に、真釣れぬ響きと鳴りた成り。解かりたか。汝等皆々、『過つカタチ』で楽を得んと致したのじゃ。苦を避けむと致したのじゃ。そが汝等を破滅に導く、ウソを基の『魔釣りの経綸』とは気付きも出来ず、世を挙げて、専《モッパ》ら身欲を基の『あやま知』で、真釣りを外し続けて参りたのじゃ。一体何をやっているのざ。魔釣りと一如に魔釣ろうてどうするお積もりじゃ。寒暖だけにては無いのぞ。汝等は総てに渡りて一如の響きを分け分け進み参りたのじゃ。そ度、科学と技術は押し進み、『過つカタチ』を作り続けて参りたのじゃ。今今は枝葉ばかりの世となりて、真釣るも難き有り様と鳴りて居るのぞ。今世の科学言うも技術言うも九分九厘、こが『あやま知』に奉仕する業にてござるのぞ。奉仕する度毎に、真釣りを外して世を荒らす、響きと鳴りたが解からんか。そのままにありては、末代マコト真釣りに奉仕は出来ぬ悪しき業ぞ。マコト『分かつ知』の申し子にてござるのぞ。何故こが解からんのじゃ。ス直大切ぞ。

この方は知恵は使いものにならん申して居るのでないぞ。アタマも大事な御ハタラキじゃ。この方が申し居るは、アタマを使うに《身欲》を基になされては汝が滅ぶ申して居るのじゃ。【真釣り】を基にお使いになられるのであれば、それは【智】であるによりて、真釣ろうた立派な御ハタラキを顕じなさるのじゃが、マコトの【智】に戻るには、三真釣り開くより他ミチ無きを知りて下されよ。今のままではミロクへ至る出口潰れるぞ。『あやま知』言うは出口無しの虚妄《キョモウ》に滅ぶ世を作るから、きれいサッパリ捨つるが花ぞ。アタマを早う切り替えて、見事立派な【智】となさしめ下されよ。真釣り深くあれ申すはこがためにてもあるのぞ。

どうじゃ、寒暖一つ取りてもこのザマぞ。《身欲》を基の『分かつ知』を、何でも一つ取り上げて、引いた糸先見てみれば、誰でも解かる欲の糸、魔釣りを織り成す欲糸じゃ。自ら辿りて見なされて、少しは解かりて参りたか。汝等が真釣りを外す度毎に、万象万物『過つカタチ』となりて参りたのじゃ。汝等が『あやま知』によりて作り参りた事どもは、九分九厘【メグル情け】の型示しであるぞ。汝等曇りて居る由、気付けず解からず。【メグル情け】の型示す『過つカタチ』を文明と、心底思いて誇りて居るのじゃぞ。涙も枯るる情け無さぞ。進歩、発展、文明なる言の葉は、病みたる響きの中にある、病の酷さを申すのじゃ。マコトは無きが戯言ぞ。宇宙は歓喜弥栄の、響きの波鳴《ナミナ》る息吹あるのみぞ。元々全《マッタ》き光の響き鳴る、全き者の汝等に、進歩も文明も無かろうまい。そが事に生くる基を置いてござるから、汝等の身魂がいかに酷き有りザマとなりて居るか解かるまい。

知りてる居られる大神様は、余りの惨きに目も当てれん程のお苦しみでござるよ。

これで解かりて下されたら、身欲を基の台と成す知恵にて解決致したことなど唯の一つも無かりたのであるから、一つの解決思われたは、必ず新たな不都合を産みて居るを知りて下されて、文明の進歩なり等と恥ずかしき事をほざき、ご大層に奉りて居る暇が有るなれば、汝等のマハタラキ思い出しくれよ。汝等の本来のハタラキ申すは不調和を調和へ和する、真釣るハタラキ鳴るを伝え知らせあろうがな。ここそ総ての鍵なるも初発に申し伝えござろうが。こはマコト大事な事にてあるのぞ。汝等のマハタラキ、マコト鳴り鳴れば、必ず不調和を調和へ和する申す事にてござるのぞ。不調和、不都合、に結ぶとは一言も申して居らんぞ。汝等の日々にもこの世にも、毛程の不都合なりと有るなれば、そは汝等のハタラキ、間違いてあるを知らせある事にてござるから、学や知で真釣りは取れぬが解かりたら、ここ一番、謙虚になられて、汝等の『あやま知』ス直に認め知られて下されて、いよいよ行鳴る響きにて【三真釣る】ミチを渡られて、真釣るマコトに至りて下されよ。こがご苦労が、汝等をミロクへ誘う基と鳴り成さるのじゃ。

ご苦労申しても、汝等に辛き思いをさせるが仕組みにては無いぞ。逆ぞ。汝等真釣り深くあれば、ある程、ご心配もご苦労も少のうなりて行くが【行】にてあるを知りて下されよ。汝生かされある言うは心底解かりて参りたか。そは大神のマコト、マコトの神真釣りありてあるが由じゃ。生かされある申すは、汝自らが自らを生かすがご苦労の、必要無きは解かるか。こを元つ天地の大恩《タイオン》、お陰申すのであるぞ。真釣り深く鳴りあれば、こがお陰だけで嬉し楽しで生き得るが解かりて来るのぞ。そは汝等の正味の基は唯一つ、真釣るマコトの神真釣り、成り鳴り響く力徳の、至楽至善の弥栄の、真釣る真中の響きそのものにてあるからじゃ。

なれば真釣るご苦労申すは、無限に続くご苦業の事にて無いは解かるな。汝等の知り居るご苦労申すは、魔釣りのご苦業の事にありて、さんざんご苦業を積みた末には、ご苦業を積みた分のメグリを抱いて、滅び解くしか無い惨き業《ムゴ》じゃよ。真釣るご苦労申すは、唯ただ生かされある元つ天地のご恩に、ス直に感謝の響き鳴り成して、【三真釣り】持ち行くが事にてござるよ。そが苦に感ぜらるるは心が曇りて居るからであるぞ。心スミキリあれば【三真釣り】持ち行くに、何のご苦労もありはせんのじゃ。苦を感じたるその時に、心スミキラセルが真釣りに向かうミチにてあるを、真釣り外した事に気が付かず、身欲を基に苦から逃れんと致すから、『あやま知』を操る魔釣りに囚われ、利便に走るが苦から逃れる正しきミチの如くにだまされて、勇んで真釣りを外す事ばかりに現《ウツツ》をぬかしたその挙げ句、次から次に訪れる、真釣り外したお知らせの【メグル情け】の苦を取りて、又々身欲な利便に変え行くが、人としての生くミチじゃ等とほざく程に曇りてしもうのじゃ。真釣りを外すは唯一つ。元つ天地のご恩が、全然解かりて無いからであるぞ。マコト、マコトに解かりて居れば、真釣り外したその時に、訪れ来たる苦を取りて、真先に身欲に走るは無かろうまい。情けに気付きてお詫びして、感謝を鳴り持ち三真釣るが、真釣り深い申すのじゃ。今今の人民様にありては、真釣りを外し続け参りたのであるから、何の真釣りを外したのか、何が何だか解からぬままに、メグル情けの厳しさに、右往左往するばかりでござろうが。そのままにありてマコトの改心申すものがどういう事か、いつまでも解かりて無くれば、危ういと、くどう申して居ろうがな。大事なこと由、忘れて下さるなよ。

　汝等の元つ天地のご恩に報いる響きが、お詫びと感謝の鳴る響きが、いか程の赤き心でござるのか、三真釣り持ち行くその事が、踏み絵と鳴りて居るを知り置かれるが善かろうぞ。汝ご自身のなさる事じゃ、汝の改心いか程のものか自ら省みられるも出来ようぞ。そための三真釣りでもござるのじゃ。三真釣り成す申すは、心の曇り具合が表に出くるから、せっかく出て参りたものにござるから、わざわざ塗り隠す様な真似はなさらいで、ス直によくよく見つめやりて、曇り強きが解かりたら、オカシキところを直してやれよ。心の掃除を自らに課して励みて下されば、《身欲》を基の『あやま知』や《喜怒哀楽》を、心のゴモクにしたままにし置きては、三真釣り持ち行くお邪魔になるが解かりて来るから、段々真釣り深く鳴り行くが出くる様になりて来るぞ。この方の渡せし糸申すはこの事にてあるは伝え知らせたな。皆々、今にも切れそうなか細き糸と成りて居るが、大事に手を離さずにご苦労を添えて引きてあれば、段々に太く鳴る。マコト真釣りに導く神の糸じゃ。お陰であるのじゃ。お宝であるのじゃ。大事に育てて下されよ。

汝の『あやま知』これで少しは解かりたか。マコトの神真釣り言うは、汝の今様の思い様にありては適わぬ事ぞ。【真釣り】はアタマでは取れんなり、行に結びて取るものなり。ざから【三真釣り】持ち行きて行に結べ申して居るのじゃ。解からぬ事は解からぬままに、段々解かりて取らすからス直について参られよ。

今今に汝等の大き『あやま知』の果《カ》を伝え聞かせるほどに、汝の思いちいとでも出されたら、末代逆様の世に辛くあらねばならん由、強くご注意致し置くぞ。

大き『あやま知』の果申すは、汝等の思いて居る陰陽の事にてあるぞ。汝等が〔陽〕思いて居りた天申すは、水の御ハタラキを顕じなさる〈陽の構え〉でありたのぞ。〔陰〕思いて居りた大地申すは火の御ハタラキを顕じなさる〈陰の構え〉でござりたのじゃ。汝等の思いて居りた陰陽とは、全く御ハタラキが逆様でござろうから、真ス直について参らねば、難儀致すぞよ。解かり取れたら三真釣りに上から下までマコトが一本スクリと立つから、マコトの構えの基が出くるから、頑張りてついて来なされよ。

真先に申し置くぞ。汝等が斯くも見事に逆様と成り果てたは《身欲》を基に生くる様になりてしもうたからであるぞ。《身欲》を基の『あやま知』に生くる様になりてしもうた申して居るのぞ。《身欲》に囚われたが由、元つ天地の正位正順申すものが、解からなくなりてしもうたいうて居るのじゃ。これより語り伝えし事、総ての真釣りを正す基なれば、人と人、人と神、神と神、神と元つ真神、正しく真釣ろうマコト、ハキリタテワケ致す由、そのお積もりでついて参られよ。

陰陽申すは〈構え〉の事を申すなり。ハキリ、タテワケ致すが肝腎にござろうぞ。解かりずろうあるなれば、陰陽の言の葉に囚われねで〈陰の構え〉は【火】〈陽の構え〉は【水】と読み替え致して、真ス直に進み参れば楽に取れるぞ。

神の元つ仕組みの大事な基申すは【火の御ハタラキ】先にタチ有りて後に【水の御ハタラキ】生ず。これであるぞ。簡単でござろうが。なれど、こに、この世の総ての響きがあるのじゃ。総ての秘密がござるのぞ。汝等の生きる基も、御父上様が陰にて家族を支えある、陰働《カゲバタラ》きあるにより、安心致して御母上様が、家族を作り現すも出来るのであろうがな。簡単でござろうが。なれど、こに家族を和し成す総ての響きがござるのじゃ。総ての基がござるのぞ。こが【正位正順】のマコトの響きのハタラキでござるよ。こが過ちてあれば総てが過つは解かるでござろう。なればこの方がこの世は何でもかんでも逆様じゃ申す、大き過ちいうはこのことにてあるを先ず先ずに知りておくれ。初発に正位正順〔火・水〕の火のハタラキの構えありたによりて、正位逆順〔水・火〕の水のハタラキの構え産み成されたが基のコトワリでござるよ。こは勿体なくも、尊き無限絶対力徳を顕じなさる、元つ天地の御祖の大神様の、真釣る真中に鳴り鳴り鳴る響きにて鳴り成りた、元つ構えにござるから、マコト、マコトのスミキリありて、組み真釣り結びあれば汝等も、無限絶対力徳の汝の真中の岩座《イワクラ》の、岩戸を開くるが出くるのぞ。

初源の時、元つ火タチ有りて元つ水生じたのであるぞ。元つ火水（カミ）二つで真釣り構えたるお姿が、元つ〈陰の構え〉の素型の事にてあるのぞ。陰で支える隠身（カクリミ）にて、御ハタラキは元つ火の御ハタラキにあらせられる。火水、正位正順に組み真釣り結び構え、新たに火の御ハタラキを顕じ成さるが〈陰の構え〉と申すなり。元つ〈陰の構え〉の火の御ハタラキによりて水生じ、水生じた由火タチ生ず。こが元つ〈陽の構え〉の素型の事にてあるのぞ。御ハタラキは火の隠れたる御ハタラキを隠身にて現しなさる、元つ水の御ハタラキにあらせられるのぞ。水、火と正位逆順に組み真釣り結び構え、新たに水の御ハタラキを顕じ成さるが〈陽の構え〉と申すなり。水先ヨコに有りて後火タテに組み結ぶ言えど、構えた素型は、火タチ有る正位なるによりてマコト正しき〈陽の構え〉なり。

火水や構えの言の葉に、囚われありてはならぬ由、今、今、今に気を付けて、三真釣り持ち行く行いの、響き鳴るため今、暫し、心の囚われ落とすため、使うが言葉の役目にて、鳴り出す響きが汝等の、日々変える宝にて、言の葉自体のこだわりは、逆に魔釣りを呼ぶ由に、真釣るマコトに帰一する、心スミキルそのために、取るがこ度のこのフミの、響き鳴り鳴る願いなり。解かりて下されよ。

よう聞きあれよ。地のへにある、汝等も、天の構えのご守護にて幾久しく育み生かされありたは、解かりてござるな。天の構えは母なる如く汝等の育つ姿を楽しみに、守り育てて参りたのでござろうが。なれど、天をも含む汝等を陰で支えてご守護する、汝の父はどこに居るのぞ。日々に顔も見ぬ由、段々に無きが如くに思い成し、母なるミにてはタテワケも、段々甘く成り行きて、母子《ハハコ》揃いて今今に、下にて支えるハタラキに、気付くも難く成る程に、曇り苦しむザマと成る。

この方の構えし天、申すは〈陽の構え〉を先ヨコに、後から〈陰の構え〉をタテに組む、正位逆順に結びある、大き陽の構え〈〔水・火〕＋〔火・水〕〉でござるのぞ。〈水のハタラキ〉を先ヨコに、後から〈火のハタラキ〉をタテに組みた。という事でござるよ。そはこの方が初めに大き陰の構え〈〔火・水〕＋〔水・火〕〉なる大地を創りたがその後に、汝等の申す天を構えたからでござるよ。火立ち昇りて水生ず。天の〈陽の構え〉水のハタラキを、大地〈陰の構え〉の火のハタラキが内からご守護致し、大地〈陰の構え〉の火のハタラキを、天の〈陽の構え〉水のハタラキが外からご守護致して真釣り合うてござるのじゃ。火の御ハタラキ立ち昇りありて後、水の御ハタラキ生じある。万古末代変わらぬ神のオキテじゃ。

こがマコト、マコトの元つ天地の仕組みある正位正順の真釣りにてあるのじゃ。なれど神々も汝等も始源の時、逆十字の《快欲》に囚われたが由に見失い、取り違え致し、逆様と成さしめしもうたのぞ。この方が、逆様じゃ逆様じゃ。申し参りたはこの事にてあるのぞ。神の大元のところが曇りて違うて居りたから、マコトのものは何一つ産まれはせんと、くどう申し伝えあろうがな。天の神々が間違うて居りた由、汝等も間違うてしもうたいうは、無理無きことにて聞こえあるが、神々にあれ汝等にあれ、人民様にはマコトにきつい申し様にござるが、マコト真釣りにスミキリて向こうてあれば、ス直に取れる元つ仕組みでござりたのぞ。汝ご自身が身欲に走りたが、マコトに至らぬことでありたのじゃと、ハラの底から今今に詫びて真釣り下されよ。

　こ度よりはこの方が、表に出張《デバ》りて天地を構え致して、大地の〈陰の構え〉をスクリと立てて、天の〈陽の構え〉を副い和して、元つ仕組みに真釣り戻すなれば、これよりは天の神様は地のお手伝いじゃ申して居るのぞ。こを陰陽逆転申すのであるぞ。マコト、マコトに神真釣る元つ仕組みに神カエル、陰陽正位正順に真釣り和したる響きもて、真中スミキル、マコトもて汝等皆々守護致す、元つ天地のお仕組みに戻すのであるぞ。これからは人民様には楽しき善き代と成りて参りて、神々様には厳しき代と成りて参るのぞ。汝等とミロクの御代を共に迎えん。なれば今より汝等は、大地のご守護をタテにして、天のご守護をヨコにして、地天真釣ろうて崇めておくれ。そが正位正順マコト真釣るいうことにてあるぞ。

陽の構えの水のハタラキをタテたまま、この世がミロクへ結ぶのなれば、それはそれで善いのじゃが、逆位逆順の魔釣りと成りて居るなれば、そは万古末代適うまい。末は滅ぶしか無い世でござるが今今の世でござるぞ。今今が末の世ざ申して居るのじゃ。ざからこ度は三千世界を元つ仕組みにタテカエ、タテナオス由、元つ正位正順の陰陽に、逆転致す申して居るのぞ。《逆位》の《体主心従霊属》に魔釣る世を、【正位】の【霊主心従体属】に真釣る世にタテカエ、タテナオシ一挙に致して、万古末代滅びぬ嬉し、嬉しのミロクの御代と致すのじゃ。

今までの思い様サラリと捨てて聞いて下されよ。天地の正位正順申すものは総ての基で座しまする、総てのすべてで座しまする、至誠至善の座すところ、至慈至愛の座すところ、元つ天真中の大神様の、ミロクに結ぶ神真釣り、鳴り鳴る響き鳴り出されたが、元つ〔火・水〕の組み結ぶ、元つ〔水・火〕の組み結ぶ、元つ陰陽の構えにて組み組み成したが、神をも含む汝等の、真釣るマコトの始まりでありたのじゃ。この世の初め思うが善いぞ。先ず先ずにこの方がハタラキ、奉り顕して、ミロク代の鳴り成る基を創りたが、汝等が日々持ち荒らし、足蹴《アシゲ》に致して居る地でござる。天をも含みた地にござるよ。今今は、天地お創りの元つ生き神様、総出でスクリとお出まして、ミロクに結ぶ神真釣り、鳴り鳴る響き成る手前。成るは一時の間にござるが汝等の、危うき幕開け成るを知りて下されよ。

　この方がハタラキ、先ずに大地〈陰の構え〉を創りて後、外から守護する小天の〈陽の構え〉を創りた申し伝えたであろうがな。何事も創りた順序が真釣る基でござるのぞ。元つ天に見そなわし座《マ》す大神様と、〈陽の構え〉の小天なるを、今今にハキリ、タテワケなさるが肝腎でござるぞ。これ解かるか、元つ天、大地、小天の正位正順キッチリ、タテワケ知りて下され申して居るのぞ。あろう事か大地の後に創りし小天と、天地の御祖の元つ天を、真釣り外してゴチャ混ぜに、天は一つと取り違え〈陽の構え〉の小天を、マコトの元つ天と思い込みたが、逆様の、体主心従霊属の、悪しき魔釣りの世を開く、今世の基と成りたのぞ。このこと決っと今今にシカリと解かりて取ることが、マコト、マコトの神真釣り知るがイロハの足場なり。天地の御祖の大神様のおわし座す元つ天と、〈陽の構え〉の小天の、天とハキリ、タテワケ区別致し、取り違えんで下されよ。

正位正順申すものが解かりて無くれば、マコト、マコトの神真釣りが出来ぬ由マ素直に取りて下されよ。くどう申すが今今の世は申すは、神も人も昔より快欲に走りたが招きし魔釣りの世でござるのぞ。元つご苦労の無い、中つ神々が快欲に走りたのであるから、元つご苦労を知らぬ人民様が身欲に走りたのは、ご無理の無い事でござりたが、そがために、元つ天地の御恩にサッパリ気付けぬ様に成りてしもうたから、大地、天の正位正順を逆様に取り違える様な不始末を起こすのじゃ。天、大地の逆位逆順と成してしもうては、もはや元つ天地の御祖に気付くは叶うまい。挙げ句の果てに、天ばかりを元つ天の如に崇め魔釣る様に成りたのじゃ。元つ真釣りの仕組みを外して居るから、魔釣ると申して居るのじゃ。この程曇れば、陰陽の元つ構えのお仕組みの、正位正順も解からなくなるが道理でござるよ。何事も〈陽の構え〉〈陰の構え〉の逆様に、逆位逆順に魔釣りてホドケの世と成さしめしもうた申すも、今世を見ゆれば解かるであろうが。

魔釣りてホドケの世に致した申すは、マコトの真釣りを外したいう事にてあるぞ。真釣りを逆に致した申しても善いぞ。初発にして終末の大事な試練の逆十字の《快欲》に囚われ。囚われたる事に気付けぬまま今今に至りた、いう事にてもあるのぞ。なれど、ここに気付かねば、マコトの神真釣りは末代取れんと申して居るのじゃ。この方が元つご苦労の無い申すは、無から有を産みた事の無い、申す事にてあるのぞ。中つ神々様も汝等も産み出されし時より、綾成す響きの形成す、有の世界に囲まれありたであろうがな。汝等何でも、火でも水でもお土でも、汝等が物を作るに基となる響き、初めから有りたであろうがな。そを始めから元つご苦労の上に知らず立ちて居りたと申して居るのじゃ。天地を含め、この世にござる総ての基は、元つ天地の大神様が今今も、鳴り鳴り響かせ、成り成して居られるなればこそのお陰であるは、ワレがワレがばかり思うて居らねば、少しは解かるであろうに、幼子にも解かる当たり前の事どもが、逆位逆順なる、《快欲》なる身欲に囚われ来ると、心曇りて参りて『魔釣り』の操る『あやま知』にも囚われる様に成りてしもうて、お陰支えるご苦労に、思いも及ばぬ心の持ち様になりて来るのじゃ。日々に、感謝の響きの鳴り鳴るが、少なき程に危ういぞ。ご自省召されよ。心の持ち様そのままに放し飼いになさりて居りては、益々身欲の響き鳴り鳴り出す様成りてしもうぞ。身欲の響きは際限無しじゃ。益々ご苦業の種自らに増やし行く『魔釣り』にどぷりと漬かりて行くが解からぬか。今今の世がそう成りて居るから申してるのぞ。このままにありては、こ度は汝のミタマが産まれてから今今に至る迄の大掃除でござるから、九分九厘の人民様が酷き目に合うは情けのお仕組みでござるが、この方も見るのがいやであるから、一人なりと気付かれて真釣りイロハの【正位正順】を知り取りなされ、情けを花に変えて下されくどう申すのじゃ。汝ご自身が気付かねば、何方も変えてはくれはせんのぞ。

聞く耳出来たか。【正位正順】申すは、元つ天地の御祖の大神様の真釣る真中に鳴り鳴り鳴る、清き尊き響きを統べる、万古不易《バンコフエキ》の神法にてござるのぞ。総ての総ての基でござるよ。この世のことは総てが総て、火の御ハタラキと水の御ハタラキを【正位】に組み結びて、マコトの万象万化を現すのでござるから、先ず先ずに【逆位】と成りてる陰陽に気付かれあるが大事な事にてあるぞ。陰陽のマコトの構えに早う気付きて、正位正順マコト真十字にスクリと立てねば、元つ天地の御祖の大神様に申し訳が立たぬであろうがな。構えのハタラキが鍵であるぞ。

こ度の事は、陰陽の構えの事を外して居りては、マコトの真釣りは取れん申すは解かりて来たか。段々に詳しゅう伝え参る程に、いよいよス直について参れ。

常に上を立て下が控え。天が立ち地が控え。地が控え申したは、汝等含む地の上の事にてあるのぞ。大地の大き〈陰の構え〉と取り違い致すなよ。男が立ち女が控え。陽が立ち陰が控えるは、火の位を常にタテ、水の位をヨコに控える【正位】なれば、汝等の思いて居る陰陽と同じにてあるから、そのままに思うて居りて善いぞ。なれどマコトの陰、陽申すは火、水そのものを指すにあらず。陰陽申すは常に火水の組み結びた【構え】の事なるを先ずに知りて下されよ。〔火・水〕の構えた火のハタラキと、〔水・火〕の構えた水のハタラキの、二つのハタラキを指し示すのであるぞ。陰・陽は構えの事でありたと、今今に取りて下されよ。

一つの構えを成すは〈霊（ヒ）の座、体（ミ）の座〉二つの御座で成りて居るを知りて下されよ。汝等もこれらの構えを組み結びて鳴りて居るのぞ。〔霊（ヒ）の座〕〔体（ミ）の座〕申すは、一つの構えの中でのタテワケでござるから、構え自体の【位】の事にてはござらぬぞ。【火の位】、【水の位】申すは〈霊（ヒ）の座、体（ミ）の座〉が組み結びた構えにて、現しなさる御ハタラキの事を申すのであるぞ。火の御ハタラキであれば、火の位。水の御ハタラキなれば、水の位。それ由、汝等も火の位、水の位、双方持ちて居るのぞ。キチリ区別タテワケ致して下されよ。

霊（ヒ）の座に〔火〕〔水〕いずれが先に座すかによりて、構えの陰陽が決まりて来るのぞ。火先にタチあれば〈〔火・水〕陰の構え〉と成りなさり、水先ヨコに座しあれば〈〔水・火〕陽の構え〉と成りなさるのぞ。いずれも正位に組み結ぶによりて正順、逆順の違いにて決まるのであるよ。これ解かるか、大事な事由念を押すぞ。【正位】申すは〔火はタテ〕〔水はヨコ〕に組み結びたる素型の事にてあるぞ。順序に関係無き事ぞ。【正順】【逆順】申すは、組み結ぶ順序の事にて〔火先・水後〕を正順。〔水先・火後〕の順を逆順ざ申し伝えあろうがな。

ついて参りて居るか。一度で解からずとも善いのぞ。段々に少しずつ取らせ参る程に、安心致して付いて参るが善いぞ。良いな、少しずつ、少しずつじゃ。

【構え】のハタラキ申すは、火と水が正位正順〔火・水〕、正位逆順〔水・火〕何れかに組み結びて現しなさる、一つのハタラキを申すのであるぞ。火と水の正位正順〈火先にタチありて後水ヨコ〉に組み結びた〈陰の構え〉の御ハタラキを、火の御ハタラキ申すのであるぞ。由に構えの位は火でござるよ。今まで汝等が陽と思いて居りたマコトの姿いうは、正しく〈陰の構え〉のハタラキの事にてござるを、今今にハラに据え置きて下されよ。火のハタラキ生じるは、水のハタラキあるが由〈陰の構え〉と申すなり。汝等が陰と思いて居りた、マコトの姿いうも同じ事でござるよ。水と火の正位逆順〈水先ヨコにありて後火タテ〉に組み結びた〈陽の構え〉の御ハタラキを、水の御ハタラキ申すのであるぞ。由に構えの位は水でござるよ。水のハタラキ生じるは火のハタラキあるが由〈陽の構え〉と申すなり。〈陰の構え〉申すがマコトの陽でござりたのじゃ。〈陽の構え〉申すがマコトの陰でござりたのじゃ。なれば〈陰の構え〉を奉る申すは、マコトの陽を奉るに同じでござろうが。【火・水】を真釣る申すは、【火の位】と【水の位】それぞれ五分と五分にて組み和するのであるが、正位は常に【火の位】を立て、【水の位】が控え組み和すがマコトの真釣りでござるぞ。〈陰の構え〉がタテざいうて居るのぞ。正位を守りて居れば、順序はどちらでも正しき組み真釣りじゃ。

神々も汝等も間違え来たりた〈陰陽の構え〉を今今に初めて伝え参るのざから、

汝の思いを出して下さるなよ。天は汝等、地のへにあるものにとりては先に創られありたもの由、マコト汝等の育ての親と呼べるものにて、汝等にとりては上に立ち居る者なれば、マコト陽と致して善いのぞ。しかあれそは常に天の構えの火の位〈陰の構え〉に汝等の構えの水の位〈陽の構え〉が真釣るを申すのであるぞ。

この方が地の後に構え創りた天申すは、〈陽の構え〉をヨコ先に成しありて後〈陰の構え〉をタテに組み結びた、構え同士の構えにてあるのぞ。陰、陽に異なる構え同士を正位【逆順】に結びた大き構え〈〔水・火〕＋〔火・水〕〉であるのじゃ。それ由、火の位〔火・水〕、水の位〔水・火〕の双方の構えを持ちて居るのぞ。なれど水の位〔水・火〕の構えが先に大き構えの〔霊（ヒ）の座〕に来て居る由、そのハタラキは水の御ハタラキじゃ申して居る。天からのハタラキが水のご守護ざいう事でござるよ。ついて参りて居るか。解かりた者はそれで善いなれど、解からぬ者は、我空殿に絵を描きもろうた由、見せてもろうて下されよ。我空殿それで善き程に頼り来る者には、見せてあげて下されよ。神、頼みたぞ。

汝等盲て、『体主霊属』の魔釣りの世と成せしもうたが由、構えの霊の座を知らず外しありたのじゃ。しかあれ、構えのハタラキ申すは、霊の座のハタラキなる由、陰の構え〔火・水〕の霊の座は火であるにより、ハタラキは火の御ハタラキとなるのであるぞ。陽の構え〔水・火〕の霊の座申すは水であるにより、ハタラキは水の御ハタラキとなるのであるぞ。汝等の、陰・陽申しありたは『体主』でありた由、構えの〔体（ミ）の座〕だけを指し示し申しありたのでござるよ。

これで解かりたであろうがな。汝等が〔陽〕思いて崇めマ釣りてありたは、マコトは〈陽の構え〉の事でありたのじゃ。〈火の御ハタラキ〉じゃ思いて〈水の御ハタラキ〉を崇めマ釣りて居りたいう事であるぞ。汝等、初発の岩戸閉め以来

《逆十字》の《快欲》に囚われ囚われ、大地、小天の正位正順を見失うて、『あやま知』にも囚われ、自ら【真釣り】を外す『魔釣り』の仕組みに入りた由、マコトの〈陽〉と〈陽の構え〉のタテワケも解からなく成りたのじゃ。

水の御ハタラキを崇め真釣るを責め居るのではないぞ。ゆめ取り違え致すなよ。【真釣り】申すは【正位】の【霊主心従体属】でなくればならぬ。申して居るのじゃ。汝等は《身欲》を基に魔釣りて生くるから、【霊主】であるべき火の位に《身欲》が居座りて、心を曇らせ従わせ、《身欲》の思いであろうとなかろうと火の位の命なれば、水の御ハタラキは真ス直に組み結ぶ由、ケガレをハラムものばかりが産み出される様になりてしもうたのじゃ。水は火の位に真ス直な御ハタラキなれば、水の御ハタラキを責めむ理由はどこにもござろうまい。

この方が正位をやかましく申すは、《逆十字》の《身欲》そのものが〈陽の構え〉が真先に立ち居る逆位そのものの響きなれば、《身欲》に囚われ居る者共も、自らは火の御ハタラク〔マコトの陽〕を崇め居りた積《ツモリ》にござりても、真中が《逆十字》の《身欲》と魔釣り合うて居る由に、どうありても《身欲》を顕す、水の御ハタラク〈陽の構え〉を、崇めマ釣る事になりて居りたのじゃ。汝が神に祈れば祈る程《身欲》と魔釣りた水の御ハタラク、ホドケの世と成りた申すも解かるであろうがな。真先に《快欲》に走りた神々も、天の大き構えが水の御ハタラキであるが由、益々水の御ハタラク〈陽の構え〉を立て持ちて楽に走りたのじゃ。神、人揃うて《快欲》に溺れ、ケガレ多くを産み成す逆位逆順を、坂道を転がるが如く競いて進み参りたが由、こ度に至りてメグル情けが汝等を、滅する程の激しき響きと成り鳴り響きてしもうて居るのじゃぞ。《身欲》に囚われたるが由に生じ居る汝等の取り違いが、いかに酷き『あやま知』に結びて居るか、今今に解かり取らせるがため、くどう元つマコトの正位正順を明なに知らせ伝え居るのぞ。

時節でござるから、旧来の魔釣りたる教えに囚われ居りては、マコトのタテワケは出来はせんぞ。ざからマコトの無い世となりたのでござろうが。身欲を基に生きて居りてはマコトの事は万古末代解からぬぞ。今今に、マ釣り崇めて来たものが真っ逆さまでありたのか。とス直に聞きて、取りて参るが大事であるぞ。

マ釣り崇めるものが違うて居りたのじゃ。汝等は永き幾世に渡りて火の位に水の位を据えて居りたのじゃ。『汝等皆々、天気の日には傘をさし、雨の日には傘も持たずに、濡れるがままにありた様なものでござるのぞ。これ解かるか、汝等、天気の日を雨、雨の日を晴れ、思い込みてしもうて居りたから、天気の日には傘をさして居る由、日のお陰にはちっとも気付かず。体濡れずあるによりて、自らの判断正しきを思い、雨の日は晴れと思い込みて居る由、傘もささずにあるから濡れてしもうて、晴れの日に濡れるはオカシキ思いても、自らの判断正しきを思い込みて居るなれば、過ちの大元にも気が付けぬ程の曇りザマであるから、オカシク思いながらも晴れの日に、濡れぬ手立てを文明と、更に過ち取り違え、進み参りたその挙げ句、晴れの虚構を創りてしもうて、全くマコトの産まれぬ逆様の世となしてしもうたのじゃ』これで少しは解かりたか。汝等、身欲・悪に囚われてマコトの〈陽〉と〈陽の構え〉を逆様に取り違え〈天気じゃ〉思い込みて〈雨の中〉に居りたが汝等の真姿でござるよ。〈火〉じゃ思い込みて〈水のハタラキ〉の世に居りた申しておるのぞ。それ由の今世の様でござろうが。

濡れる申すは、過ち生くるれば、い出来る苦しきメグリの事でござる。情けの表の事にてござるよ。濡れぬ手立て申すは、オカシキ事はそのままに、我欲が叶うが第一と、メグル苦しさから逃れんと、楽に走るに『あやま知』を用いて利便を結びたいう事にござるぞ。末は散る花、悪花に結びたいう事でござるよ。なれど、そこそオカシキ事ではござらぬか。濡れるは、いずれマコトに立ちて無きが知らせにて、マコトに立ちてあれば濡れるは無き事にてあろうがな。真釣りてあればメグリ現れぬは道理でござろう。逃れる手立てのその前に、我欲を慎む心持て、雨は雨じゃ。と認むれば、汝が『あやま知』気付き来て、マコト情けも解かり来る。詫びて感謝も出る程に、真釣るマコトが見えてきて、万古末代散らぬ花正花を結ぶに至るなり。この世は正位あるのみぞ。神あるのみを知りて下され。

この方がこれ程申しても、我欲にポケてる人民様は、未だマコトの至楽至善申すものが解からんから、今世の在り方申すは、どう言い繕うても略奪が基じゃいうに、一人一人ご自分の見えぬところで、他人のご苦労を奪って居るも気付けぬ大ウツケにござるから、こんな結構な世は無い。なぞと大タワケな世迷事《ヨマイゴト》ホザキ居りて。皆々逆立ち致して生きて居るのぞ。汝等、今今に逆立ち致して歩いて見やれよ。逆立ち致して生きて見やれよ。楽で便利にござろうか。そをこんな良き世は無いと申すのなれば、両の足でシャンと大地に立ちたる生き様は、何と至楽至便であることか、比ぶも愚かな事にてあろうが。こを正位正順タテワケの御代申して居るのじゃ。解かりたか。こ度はハキリタテワケ致す由、遅れるで無いぞ。

この地に笑える者は誰一人居りはせんのぞ。マコト〈陰陽の構え〉の元つ仕組みを取りて無くれば、適わぬ事でありたのじゃ。神のハタラキは隠身なれば、解かり難きも無理無きが、神は汝に情けと花のお仕組みを、渡しあるに気付けんか。汝の思い込みはサラリと捨てて、産な心になりて下さるが一番であるぞ。マコト天気の日に、身欲・悪を捨て、思い込みを捨て、傘を捨て、ぶらりと自然に真釣ろえば即様に火のお陰が取れたものを、魔釣る世界で通用するものばかり身欲で作りてしもうて、末のこ度は、解くしか無い申すも解かるであろうがな。

こ度は〈陰陽〉の過ちを正し、タテワケ致さねば、マコト真釣るがハラから取れぬ由、くどう神の元つ仕組みを申して居るなれど、この方が汝等に望むは唯一つ。マコトの響きが鳴り出る様、三真釣り持ち行く行いを、明なに解かりてタテワケて、マコト自ら鳴り出るを、切に願うて居るのみぞ。この方は文字で伝うるよりは響きにてお伝えしたいのであるが、その前に、響きが伝わる程のお心に成りて欲しくありたなれど、時が無く成りてしもうたからの文字伝えじゃ。今今の時申すは、マコト心をスミキラセルが難しう成りて居る由、汝等は巻き込まれん様、日々三真釣り持ち行きスミキリて、特に涼けく清らかにあり鳴りておくれ。

【構え】の元つ仕組みの事をくどう申し伝えあるは、ス直な者にはぐだぐだと頭の痛く成る様な思いにてあろうが、この様に申さねば解からぬ者も居るのじゃ。

ハラやアタマにワケの解からぬ『あやま知』を、数多抱え込みて難渋致し居る者も参りて居る由、こ度はふた心持ちて迷わねで済むよう、真釣るマコトの正位正順申すものをハキリ、タテワケ自らの、ハラに据え真釣りて、万古末代変わらぬマコトの一筋を、どうでも取りて欲しくあるからのご苦労なれば、汝も情けをお掛け下されて、もちょっと辛抱なされて下されよ。こも修行の内でござるぞ。

神々含む汝等の、万象万物成るものの、大き構えの陰陽は、元つ構えを組み真釣り、結び鳴り成しある形。陰、陽と異なる構えを組み成して、正順、逆順いずれかに、正位に真釣り組み結び、新たに大き陰、陽の、いずれの構えを結ぶなり。

一つの元つ〈陰の構え〉と一つの元つ〈陽の構え〉を新たに組み真釣り結びて新たな大き構えと鳴り成るのであるぞ。組み真釣り結ぶオキテいうは、小さき構えにてあろうが、大き構えにてあろうが、総てが総て同じであるのぞ。神のオキテは万古不易じゃ。構え同士の組み結び申すも、火水の組み結ぶ真釣りに同じぞ。正位を守りてマコトをタテワケ立てあれば、正順、逆順いずれの順序に組みあるも、マコト真釣りた構えと鳴り成るのじゃ。火水も構えも何もかも真釣るオキテは唯一つ、正位正順逆順のタテワケ立てたマコト持ち、組み組み結び真釣る事ぞ。

火の御ハタラキ立ち有りて、水の御ハタラキ、横に組むがマコトの正位なれば、〈陰の構え〉立ち有りて〈陽の構え〉を横に組み結ぶが、正位マコトの神真釣りでござるから、異なる構え同士、正位を守りて正順に組み結べば、新たな大き〈陰の構え〉火の御ハタラキを顕じなされ、逆順に組み結びあれば、新たな大き〈陽の構え〉水の御ハタラキを顕じなさるのじゃ。無限絶対力徳の真釣る真中に鳴る響き、大小無限の構え産み、真釣る響き和し鳴りて、万象万物弥栄の、歓喜の御代に結ぶのぞ。総ては大小無限の構えにて成り鳴りてある申して居るのじゃ。

汝等を鳴り成し現すも同じ事ぞ。汝等を人成すときにも、元つカミの真釣りた真中の御座の力徳で、天、地の大き構えの陰陽を、それぞれ二つに解き分け致し、それぞれに、新たに組み結び鳴り成し現すのでござるよ。解き組み結ぶ、元つカミの真釣りた、真中の御座のハタラキを、無限絶対力徳と申し伝えあろうがな。

男と成りて現るは、天の地の〈陰の構え〉であるなれば、どちらの〈陰の構え〉でも、先にスクリと立ちあれば、後より参る天か地の、異なる構え（陽の構え）が副うて組む、正位正順の真釣りにて、新たに大き〈陰の構え〉と鳴り成るが、火の御ハタラク男の子と成るのじゃ。女と成りて現るはその逆じゃ、天か地のいずれも〈陽の構え〉であるなれば、異なる構え（陰の構え）の来る前に、先横に座し待てば〈陰の構え〉が後々に、スクリと立ち現れて組み結ぶ、正位逆順の真釣りにて新たに大き〈陽の構え〉と鳴り成るが、水の御ハタラク女の子と成るのじゃ。

解かりたか。それ由に、汝等皆々陰陽の、大き構えを持つにより〈陰の構え〉の火の位と〈陽の構え〉の水の位をその内に、基と成して持ち居るを知りて解かりて取る事が、マコト真釣るに大切な、タテワケ持ち行くコトワリを、明なに致す響きなり。このマコトが失われて居る由の世の乱れである。お気付き召されよ。

男の子成る女の子成るは、正順、逆順の違いであるは解かりたであろうがな。男と成り女と成りて生まれ変わるが出来たるは、これあるによりて適うたのじゃ。なれど、組み結び。組み解く。肝腎要の、真釣る真中の幽の御座を、統べ真釣る。正神真神の大神を、解からぬままに無きものと、致して曇りに曇らせて、汚れるままに成せしあるから何もかも、マ十字に組み結びてはあるものの、右りに傾きた『×』の姿で現れなさる様に成りてしもうた。早う三真釣り持ち行きて心の御座、幽の御座、日々に急ぎ掃除をして下されよ。時が終わりた申すに気付き、早う花を咲かしくれよ。後は無いのぞ。日々に、今今になさりて下され。急げよ。

これにて解かりたでござろうが、この世にありてあるものは、皆々自ら基のその内に、火と水の位を組み構え、結び持ちて居るなれば、立場、状況鑑《カンガ》みて、火にて和するか水にて和するか、真釣るマコトに帰一する、万古不易の神法にノリて響きて下されよ。男であろうと女であろうと何でも上に立ち居るものは、自ら基のその内の、火の位を立て持ちて、下を構うて下さらねば、いつまで経ちてもマコトのタテワケは叶うまい。汝等皆々、真釣るマコトに副い真釣るには、上に立ちたる者共の、先に産まれた者共の【火の位】を敬いて、下に立ちたる自らは、後に産まれた自らは【水の位】を持ち行きて、副いて控えて真釣り和す。上に立ちたる自らは、先に産まれた自らは【火の位】を立て持ちて、下に立ちたる者共の、後に産まれた者共の【水の位】にマコトさす、守護す真釣りが弥栄の、万古変わらぬ神法にてあるのぞ、こが、正位正順の末代外すはならぬオキテにござる。上に立ちたる者共も、下に立ちたる者共も、皆々心スミキリて、真釣るマコトに帰一する、万古不易の神法にノリて響きて下されよ。

なれば子が親を崇め敬うが、祖先を敬い、産土の神を敬い、天地の御祖を敬う事に鳴るは解かるであろうがな。人が神を、女が男を、下が上を崇め真釣る事が、元つ天地の御祖を崇め真釣る事に鳴るのであるぞ。汝等はこの事、キチリでけておらんと鳴らんぞ。真釣りを外す事に成りてしもうぞ。下が上を敬い、上が下をご守護致して、五分と五分で和し真釣り響くが、真釣りの弥栄にござるから、正位正順の真釣る位順をハキリ、タテワケ解かり置くが、肝腎要と成りて来るぞ。

上に真釣るは水持て真釣り、下に真釣るは火持て真釣るのじゃ。こが万古不易のオキテにてあるは解かりたな。今世の様になりた申すは上下揃いて《身欲》に囚われ《我善し》力で真釣りを外す様に成りてしもうたから、マコトのタテワケが出来なくなりたのであるぞ。火のマコトをタテワケル御ハタラキ、大事であるぞ。こが過てば、心も身も過つが由じゃ。こもよくよく解かりたであろうがな。

下が上に従う言うは、自らが何かのお世話に預かり居る方々に、水の位で控え和す申す事にてあろうがな。何でも汝を支えて下さるは火にてあるが、火にもマコトとウソがござるから気を付け召されよ。汝の《身欲》を支えある上申すは、偽りの蛇の火にてあるは解かりて居ろうな。この方がお世話に預かり居る申すは、タテワケ立てたマコトにて、汝を下から支えある御方々の事を申して居るのぞ。《身欲》を基でご守護致す蛇と、ゴチャ混ぜになされてはご無礼に当たろうぞ。

今世申すは、《身欲》が《身欲》を使うて、《身欲》に仕え魔釣りて居る世なれば、上下挙げて《身欲》を基の争いをなされて居られるが、蛇同士の争いなれば、勝手になされればそれで宜しいのじゃが。中に居られるマコトの者はそうは行かぬ由、ご注意致し置くぞ。汝がマコトの者にあるなれば、汝の上が汝のご都合悪しきばかりをなさるから申して、汝が上を言挙《コトア》げなさるは『あやま知』にてあるを、先ず先ずに知り置かれるが善いぞ。汝のマコトがケガレるぞ。そは、上を下が口舌《クゼツ》により言挙げ結ぶは、水の位がご自分のご都合宜しきを先にタテ、火の位を従わす逆位逆順なるが由、上の者にも汝にも必ず思凝るメグリを作り残させしもうからじゃ。他人にメグリを持たせぬ様、自らのご都合は後にして、他人善かれ思いてご苦労しなさるが、マコトの者の真姿にてござろうがな。

　上の申す通り何でも魔素直に、マコトにあらざるも成せ申して居るのでないぞ。マコトを護持致すに《身欲》を捨てなされて、ご自身の事は後の後の後に置かれて、下の下の下に置かれて、お命はハナから捨てられる覚悟持てなさるのなれば、この方が必ず後に控えてご守護致すぞ。生き死になぞとケチなことは申さんぞ。万古末代のご守護にてある。汝が汝のマコトを護持致すは勿論の事にてあるぞ。汝のマコトを護持致す申すは、神に開きて恥無き赤き思いの事にてあるぞ。神へのマコトを口を慎み、心を慎み、行を慎みて、三真釣る行いにて鳴り響かし置く事ぞ。汝の正位に和する響きが、自らを変え、周りを変え、上をも変え行くのじゃ。真釣り申すは知恵や理屈では益々外れしもうを、くどう申し伝えあろうがな。

少しぐらい辛うても汝の分を守り行じて下されよ。そも修行の内にてござるのじゃ。去るも残るも神のお陰と感謝を抱き参らせて、どこにありても正位に和する響きと鳴り鳴りありて下されよ。馬鹿だ間抜けだ申され様が、この方が総てを見参り来たりて居るのじゃ。汝の立場はこの方に任せて置かれよ。マコトが一番でござるから、マコトを産み鳴す構えを崩さいで下されよ。今に崩すは勿体無いぞ。

自らの上には常に上が居りて、自らの下には常に、汝が火の位にて支えねば鳴らぬ下が居るのじゃ。忘れては鳴らぬ事ぞ。上が駄目である申して、自らも真釣り外して居りては、下も上の汝に倣うが道理にござろうが。上にあれ、下にあれ蛇に鳴りたき者は成れば良かろう。なれどマコトの者がマコトを示せねで、誰がマコトを示し顕すのじゃ。誰も蛇には鳴りたく無いのぞ。《身欲》の響きをそのままにし置かれるから、マコトの者も段々に身魂曇りて参りて、自らの立場失うを、恐るる響きに共鳴り致す様に成りてしもうのじゃ。ざから、上、下挙げてマコトを歪め、自らのご都合勝手に迎合するを、避難するを、蛇の共食いざ申して居るのぞ。もう止められよ。下に恥ずかしいよ。汝等はこうでありては下さるなよ。

火にて真釣るも、水にて真釣るも、汝がご自身の真中にて、火鳴るマコトを護持致さねば適わぬ事と知り置かれよ。何時までも身欲が真中に居座りて居りては適わぬ事でありたのじゃ。【正位の構え】を今今に、汝のハラに据え立て下され。

解かりて下されたか。こが解からぬ人民様申すものは、何時に在りても楽な身欲の道ばかり選ぶから、見えぬところで支えある、マコトをタテワケ立てる正位のご苦労のハタラキ申すものが、いつまで経っても解かりはせんのじゃ。いついつにありても、初発にして終末の大事な試練を前にして、上、下挙げて手っ取り早く、楽を形で現そうとなさるから、楽な形にもすぐだまされてしまうのぞ。汝等は大丈夫でござろうか。マコトタテワケ生かしある、ご苦労のマコトの意味が解かりて居るか、ご自身の周りを利便で埋めてはござらぬか。身欲に繋がる利便申すは魔釣りの道具にてござるのぞ。それ無くば生きては行けぬ、思い込ませる程の、大道具も《魔釣り》の経綸が握りて居るのぞ。利便を促する道具に、すがりて居る者ほど危ういから申して居るのぞ。

この度に至る大神様の【情けと花】の経綸は、汝等を辛き《魔釣り》の経綸に生かすためにては無いぞ。逆でござるよ。汝の真釣る御座なる、真中に正位を取り戻して欲しいがため、マコトをタテワケ生かしある、ご苦労をなされて居るのであろうが。大神様はマコトの【真釣り】に気付かすがため、情けを仕組まれたのでござるから、スミキリて在れば初発にして終末の、身欲が担うご試練もこ程の狂いたご苦業を致せずとも、取れる仕組みでありたのじゃ。

今今に至りても気付き無く、楽な形ばかりを追うて居りては、形を現す〈陽の構え〉の水のハタラキばかり強くなるは道理でござろうぞ。〈陰の構え〉の支えるご苦労のハタラキを、今まで同様、無きが如く後回しに隅に追いやりてしもうていてはマコトのタテワケが全く出来なくなるぞ。心が曇りに曇りて、益々利便に走りておるからでござるよ。ざから益々〈陽の構え〉が立ち上がりて、マコトのものは遂に何一つ産めん様になりてしもうのじゃ。体主心従霊属の中身はからっぽのものばかりであるぞ。汝が身欲を放し飼いになされればなさる程、メグル情けがどんどん厳しく成るだけではござらぬか。今の時にありてメグリの種をバラ蒔いてどうするお積もりじゃ。散らぬ花の種を蒔いて下され申して居ろうがな。

解かりたであろうがな。真釣る順序が逆様であれば、元々〈陰の構え〉の火のハタラキがスクリと真すぐに立ち無くば、〈陽の構え〉の水のハタラキは形を顕しなさるがその御ハタラキにござるから、マコトをタテワケルは適わぬ事でござるのぞ。〈陰の構え〉の火の御ハタラキの成せるが尊き業なるぞ。〈陽の構え〉は心に従い〈陰の構え〉は心を律するのじゃ。なれば〈陰の構え〉に〈陽の構え〉が属するが道理でござろうが。霊主心従体属じゃ。こがタテワケの正位正順にござるよ。解かりたか。身欲な思いにて心曇らせ居れば、心は結ぶ力のお宮でござるから、曇りた通りに組み結び、メグリはらんだ形と成さして世に結び顕すのでござるよ。なれど、囚われ多き者共は、支える苦労のハタラキに気付けず身欲に走るから、もらうメグリが増えてきて、メグル苦業をする事が、進歩に連なるご苦労と、更に身欲を握り絞め、更に真釣りを外し行く。心曇らす大元と、真釣りを外す度毎に、与うる情けの度毎に、神が使うたことどもの、非を責め我が利を少しでも、得んと争い騒ぎ立て、掛けたる情けは逆恨み、益々真釣りを外し行く。楽して身欲が叶うなら、産み出す苦労は程々に、人に任せて離れ行き、自ら致すご苦労は、唯々自ら得んがため、他人に与うる響き無く、益々苦労が解からいで、感謝の響きを持てぬ由、生かされあるにも気が付けず、人が生くるは自らの、知恵と力で成す業と、我さえ良けらそれで善し、我欲の魔釣りに結ぶ鳴り。

そのままにありては元つ天地の大神様に、ご無礼と申しても余りに酷き成しザマでござろうぞ。神も汝も皆々も、元つ天地のマコト、マコトの神真釣りあるによりて今今に、生かし生かされあるが解からぬか。正位正順の神真釣りを持ち行きて、下の下の下の陰で、汝等自ら気が付きて、マコト真釣り戻る迄、何をされてもじっと堪え、至誠至愛一筋に、汝を守護し支える大神の、深き御祖の御心を踏みてにじるは許せまじ。

悪神も、邪鬼も中つ神々も、汝等お一人お一人も、真釣るマコトに帰一する、元つ仕組みの神真釣り、一立ち二透み三鳴りて、ヒフミの御代に生くるには、真釣るマコトに神結ぶ、正位正順タテワケて、大天、大地、小天の、成りしマコトを知り行きて、大天、地天の理に、詫びて戻すが始めなり。戻し真釣りたその後に、火立ち土透み水鳴るが、神立ち幽透み顕鳴るが、霊立ち力透み体鳴るが、口立ち心透み行鳴るが、一二三マコトの姿鳴り、マコトヒフミの姿鳴り。日立ち月透み地鳴れば、この地ミロクへ結ぶ鳴り。スミキルマコトの無かりせば、適わぬ事と知れぞかし。大天、小天タテワケず、天は一つと誤魔化され、マコト尊き大天を、無きが闇夜と成さしめて、大地、小天逆様に、組みたが始めの終わり鳴り。

元つ神あり神成すは、陰の構えを先にして、控えて陽を構えるが、元つ尊き仕組みなり。火と水の、尊き基のお仕組みを、ヒなる構えを小天と、ミなる構えを取り違え、構えとハタラキ逆様に、思い成したるそのままに、今世の秘密と成したなり。小天のみを天と成し、元つ天地のお仕組みを、陰陽逆に組み魔釣り、体主心従霊属の、逆き魔コトに結ぶ世を、今、今、今にタテワケて、正位真コトに結ぶ世に、霊主心従体属の、陰陽正しく組み真釣る、元つ天地のお仕組みに、真釣るマコトの神真釣り。こ度のあるのを量られて、逆き十字と呼応なし、スメラに真釣る経綸を、ユダヤに魔釣る経綸を、花と情けに託されて、艱難辛苦に出されしは、元つマコトの弥栄へ、我が子導く大神の、堪えに堪え堪う業鳴るぞ。

神も汝も総ての人民、神含め、元つマコトの神真釣り、結び顕す一大経綸でありた事、今今ここに慶び知らすぞ。マコト、マコトに永きご苦労の旅でござりたなぁ。嬉し喜び取りて善いのじゃぞ。マコト、マコトに大神の、仕組みし情けの無かりせば、万古末代咲かぬ花。鬼と成りたは大神の至誠至善の由なるぞ。流す涙は血の思い、汝が一泣く度毎に、百泣く、千泣く、万泣きて、汝の辛きを思うなり。マコト、マコトに大神の、仕組みし花の無かりせば、万古末代情け無く、ミロクと成りたは大神の至慈至愛の由なるぞ。汝の喜ぶためなれば、百苦、千苦もためらずに、万苦に結ぶもものとせず、汝に嬉しを上ぐるなり。汝等皆々引き連れて、陰で守護せし大神の、至誠至愛の大恩に応え真釣るがこの方の、こ度に結ぶ永き願いでござりたのじゃ。真釣り、真釣りて真釣り深くありて下され。

これからタテカエ最後まで、悪しき響き益々日々高まりて、小さきイサカイから大きイサカイのカタチをとりて、様々鳴るメグリ汝等のもとに訪れ来る由、取り違えなさりて危うき事に陥らぬ様、危うき心の持ち様をご注意致し置くぞ。

汝が支えある者なれば、マコト貫き通すが汝の努めにてござるが、マコトを通す申すは、他人を責めむ事にてはあらざるぞ。汝が支えられある者にてあればなおの事じゃ。他人を落としめ、汝ご自身も悪に染まるからじゃ。好い加減に卒業なさるが善いぞ。善も悪も大神の御子なるは、お伝え致したであろうがな。善にも悪にも等しく機会を与うるが、神のやり方にござるぞ。自らが三真釣る行にて、他人を喜ばす響きと鳴り成り鳴られて下されよ。そが前に言の葉持ちて他人のマコト無きをなじりて居りては、汝ご自身が辛く醜く、鳴り鳴りてしもうだけぞ。何時までもハラに《我善し》を詰めて居らねで、三真釣り持ち行き喜ぶ響きと変え行きて下されよ。三真釣る嬉しの響きで、他人を喜ばして差し上ぐるが善いぞ。

それでも《我善し》で汝が他人を裁く申すのなれば、この方におイノチ差し出されてなさるが善いぞ。なれど、汝が差し出せしおイノチ、元々汝のものにて無きは存知居ろうな。真釣りてあれば裁きも無く。真釣りて無くればマコト無き由、裁くは適わぬ事にてあろうがな。マコトそのもので無き者、いかで他人を裁く申すのぞ。神無き振る舞いにてあるが解からぬか。汝等他人を裁く思いによりて自ら神より遠く離れ居るを知らんのじゃ。そがザマにありて、我一人清しなぞ思い居りては、この方ご守護しやりたくあるも、側にも寄れん程の、醜くき臭き響き鳴りて居る由、どうする事も出来はせんぞ。裁く心を捨てなされ。そは神の一番嫌う事にてあるのぞ。今今は、神から離れるが一等危ういから申して居るのじゃ。

汝のマコトは他人にマコトを通さする事にてはござらぬぞ。汝がマコトを貫き通す事にてあるよ。一緒にしてはならぬ事ぞ。汝の周りの不調和、不都合申すものは、何時の時か、汝自らが外した真釣りのお知らせじゃ、くどう申し置き居ろうが。【メグル情け】のお知らせを、ご自身のご都合の好き事どもだけに当てはめんで下されよ。そは身欲でござろうが。心スミキリて取りて下され。汝が辛う思うは欲心からでござるから、前にもそれで真釣りはずしたのでござるから、同じ失態をこの期に及んで繰り返しなさるなよ。こ度は後が無い由、お叱り受くる程にくどう申して居るのじゃ。汝等お一人お一人が、他人のマコトにちょっかいを出さずとも、全人類お一人も余す事無くピタリピタリと、自らに外した真釣りを取り戻す【メグリ】と鳴りて居るのであるから、不公平ざ等と悪の教えに何時までも囚われて居らねで、他人の事はこの方に任し置かれよ。他人を責めねで和するハタラキあるではないか。最期の最後に至りて迄、醜き心育むで無いぞ。

自らの運不運を嘆き悲しみ辛く思いあるは、酷き申し様に思われ様が、それだけの真釣りを外し来られた証鳴るを、どうあられても解かり取られて下されよ。こが解かり取られねば、マコトの改心が出来ぬ由、マコトの感謝の響きも鳴り鳴らいで、真釣るマコトに至るは万古末代適わぬ夢と鳴り果ててしもうぞ。辛き思いのままに滅ぶは汝もご無念にござろうが、宇宙創りし初発より、どんな事にも堪え忍び、至慈至愛の産着を与え、これまで汝を支え育み参りたこの方にとりては、口惜《クチオ》しき血涙《ケツルイ》の極みにてござるのぞ。元つ神様方の成し来たご苦労を少しは省みてござれよ。汝等に何をされてもじっと堪え、マコト一筋に参り来たであろうがな。マコト、マコト大神の至誠至愛のお仕組みの、情けと花を護持し参りたからであるよ。汝等ハラの底から大神の、至誠至愛のお仕組みを、知りて解かりて来たなれば、嘆くも身欲と思うがマコトぞ。その方が早う気付くを待ちて居るぞ。

この世に被害者申す者は一人とて居らぬのぞ。加害者しか居らぬのじゃ。神々も汝等もお一人も余す事無く、加害者にてござるよ。なれどそは、ご自身がご自身への、唯一の加害者でありた申して居るのじゃぞ。こは解かるか。汝ご自身以外、汝を害する者は唯の一人も居らなんだ申す事にてあるのじゃ。マコトの事ぞ。なれど汝等、世を挙げて真釣りを外し参り来たが由、相互に関わる汝以外の他人を使いモノを使いて現るる、メグリの綾なす因縁が解からず、自ら蒔いた種とも気付けず、あたかも外から害を受けたかの如くに思いなし、またまた《我善し》我欲で真釣りを外し参り来たのでござるよ。【メグル情け】のお仕組みに毛程の狂いもありはせんのぞ。どんなカタチで訪れ様と汝の外した分だけを、間違い無うキチリお渡し致すのでござるから、殺されあろう、何あろう、この世に被害者は唯のお一人も居らん申す事、ハキリ、ハラに据えて下されよ。この方は、何がありても善いなぞ申して居るので無いぞ。取り違え致すなよ。悪しき響きが訪れるは【メグル情け】のお仕組みにござるから、ご自身以外のせいになされてはならぬ申して居るのじゃ。そは悪しき響きに対しイサカウは、ちいともメグリが真釣ろえぬばかりか、新たな悪しきメグル響きを産むばかりでござるからぞ。メグル悪しき響きには、真釣る響きで和し添わねば鳴らんのじゃ。汝等が少しでも三真釣り持ち行きて、真釣るマコトのご苦労をして居りて下されば、死ぬところを大怪我で済ませる事も、大怪我のところを小怪我で済ませる事も、小怪我のところをかすり傷ぐらいで済ませる事も、全く何事も無く済ませる事も、出くる申して居るのじゃ。保身の身欲を捨てなされて、スミキリあれば見え来るマコトにござるよ。

汝は汝の身魂を磨き出して下されよ。外した真釣りをタテナオス事が、和する響きを出す事に鳴るのざぞ。メグリも和するが出くるのじゃ。真釣り和する響き、汝ご自身が出さらいで、誰が鳴するのぞ。されば、今今は心鍛えスミキリある様なさりて下されよ。心スミキリあればある程、真釣る響き出くる様に鳴りて来るのじゃ。汝ご自身が真釣る【足場】と鳴り成されたら、ご立派でござるぞ。周りに真釣り和す響きを与うが出くるのじゃ。皆々に居るだけで喜ばれる者と鳴るぞ。

今世の家族申すものは、最期の最後のメグリ合いにござるから、今生の小さき家族の枠中だけに、囚われ居りては過つぞ。何時かの生の折々に、真釣り合うたミタマばかりの家族で無いぞ。真釣り外し合うたミタマの家族も数多あるのじゃ。それぞれにメグル因縁を背負いて、今世にお出ましあそばされて居るのじゃ。酷きメグリの家族もあれば、軽ろきメグリの家族もあるのじゃ。なれどこ度の大切は、お一人お一人が真釣りを取りて参らねば、鳴らぬ事にてござるから、それぞれに適した舞台が次々と鳴り鳴りて参るぞ。ざから、自ら背負い参られたメグル響きにフタをせず、現れ参りた不都合に詫びて感謝の響き持て、三真釣るマコトの行持ちて、和する響きに少しでも鳴り鳴るカタチに従うが、汝の真釣りに至るミチじゃ。身欲を捨てて、なされて見なされ。家族の者が解からいでも、罵《ノノシ》られありても、そがマコト自ら真釣る響きであるなれば、至慈至誠を持ちてやりて見なされよ。汝ご自身が罵り居りては、どう思い込みて居られ様が汝にもマコトはありもさん。マコトが何処にあるのかも解からぬ今世にござるから、馬鹿だ。ウツケだと近しき者から非難を浴びても、自らのマコトは自らが磨かねば誰も磨いてくれはせんのぞ。なれど、そに至慈至誠を持ち行くを忘れて下さるなよ。こが無くれば中身はからっぽじゃ。こがあればマコトに真釣る響き鳴りて来るのじゃ。

　解かりてもらおう思いてなさるは身欲にござるぞ。通ぜねば、すぐに怒りに変わる底の浅きものじゃ。恥ずかしいぞ。そが我善し汝お一人の思い込みじゃ申して居るのぞ。これからは、汝の大切に思いて居る事どもが、次から次に消え行く時節ぞ。今ザマの汝の響きにありてはマコトを取るにお邪魔と鳴るからであるぞ。汝にマコトの無きが分、消えるが情けの知らせであるよ。【幸せ】申すは、汝が思い込みで握り持つものにて無いぞ。そは身欲にござろうが。総ての総ては授けものなれば、神に一旦自らお返し致して、後々の事は神にお任せなさるが善いぞ。今の様に、汝が欲糸しっかり握り絞めて居られたら、渡すものも渡せせんではござらぬか。我欲の思い強ければ強い程、辛う鳴るぞ。汝が辛うあれば、この方も辛いのじゃ。家族にも、社会にも、男にも、女にも至慈至誠を心に持ちて、三真釣り尽くして裏切られ、尚、心底笑みで応え得る者が、マコトの嬉し楽しを手にするのじゃ。身欲がありては適わんことなり。最期の最後ではござらぬか、万分の一鳴りと、行いにて清き響き、三真釣り持ち行き鳴り鳴る様、なされて下されよ。

解かりたでござろうが。汝等は何時までも、身欲を基のイサカイや汝病《ナヤ》みをぐじぐじと、こねくり回し居る時にてはなかろうが。喜怒哀楽激しきはハラの座りて無きが証ぞ。早う三真釣り持ち行きて心の掃除をなしくれよ。後数年で総ての『過つカタチ』使え無うなりて来るのぞ。汝等を取り巻くカタチ九分九厘『過つカタチ』であるぞ。仕舞いには真釣りたマコトのカタチも、総ては一旦お引き上げじゃ。カタチに総てを魔釣ろわせ、自らは何一つ真釣ろい産むが出くなくなりた汝等は、いかでこれより生くるのぞ。真っぱだかであるぞよ。衣食住ある思うなよ。穴に住まねばならぬぞよ。生もの食べねばならぬぞよ。マコトぞ。その日その日生くるがやっとに鳴りて来るのじゃ。頼れるものは、汝の真中唯一つ。それまでに真中スミキリ無くれば、透みて無い分、お苦しみぞ。こ度は真中透みて無くれば、いかな神に頼む申せど、この方が一切許さぬのぞ。真中スミキルがこ度お仕組みの仕上げにござるからじゃ。汝等、地の日月の神成る身なれば余りに酷きザマとなる前に、見事、汝の真中磨いてござれよ。自ら磨くがこ度の要じゃ。ミロク明けますその時は、この方と共にハタラク申したではござらぬか。

これよりは汝等お一人お一人に、元つマコトの真釣り鳴る、マコトの証を四六時中、汝に括り付けあるお体で、語り仕舞いて行く程に、汝の真釣りが崩れぬ様、汝ご自身の事どもも、宇宙コトワリの事に至るまで、オカシク思える事どもは、何時いつなりとご自身の、真釣り鳴りあるお体で、体のハタラク、ハタラキで、真釣る響きを確かめて、改め参るが善かろうぞ。

先ず先ずに汝等のご身体、総て真釣りてハタラキあるをよくよくに知りて解かりて下されよ。目、鼻、耳、口いずれ出口入り口組みなして、頭左右に振り分けて、両手両足一対に分かつ形に見ゆれども、イノチ働くその時は、出口入り口真釣り鳴り、左右真釣りて組み結ぶ、違《タガ》う事無きマハタラキ、全一如のマハタラキ。解かりたか。マハタラキ言うはバラバラにては無きものであるのぞ。バラバラにては全一如のマハタラキは適わぬ事じゃ申して居る。五体言うはどの部位にござりても、総てのハタラキに真釣ろうて働く様、創りてござるのじゃ。総てに真釣りてハタラクを【マコト】申すのぞ。汝等の体申すは尊き肉のお宮にござるから、こ程のご苦労のご守護にござるのじゃ。そが事にマコト気が付きて、崇め敬い感謝の心でお聞き致せば、一如に真釣るマハタラキ、如何様にもお教え下さるのぞ。

汝等の肉のお宮のハタラキに真釣るマコトの無かりせば、アタマ左右で争いて目鼻、耳口巻き込んで、左右の手足もいさかいて、おイノチ自ら落とすのみでござろうが。未だ真釣りの出来ぬ汝等の、魔釣るハタラキでなされたら、おイノチ幾つありても間に合わんであろうがな。汝等の肉のお宮は元つお仕組みの真釣りにて元つご守護の神々が、今の今迄、陰にて支えて参りたから、何とか保たれ来ありたのぞ。ざから謙虚になりて肉のお宮に聞いて見やれ申して居るのじゃぞ。

汝等の五体を真釣るハタラキの、大事な真中が【ハラ】でござるよ。そが由、こは対にてあらず。胴は一つにてあるが型示しでござるのじゃ。何時あろう何処あろう真釣る真中は一つにござる。この事、決して忘れんで下されよ。アタマにては真釣れんなり。対のものにては末代適わぬ事にてあるを、今今にハキリ知り置かれよ。真釣る真中が別のものにありては、末は滅ぶくどう申し置きあろうが。陰部も一つにありてござるが、こも陰陽組み結びて、初めて一如に真釣ろう対の御ハタラキにてあろうがな。五体使うてハタラキある様を、思うて見て下されば解かるでござろうが。五体の動き総てバラバラに見えあるも、そは一つのハタラキ成すに統べられあろうが。右手、左手違う動きに見ゆれども、そは真釣りて統べるハタラキに、従うて居ろうがな。主たるハタラキ、助けるハタラキ、全てで真釣りた一如のハタラキであろうが。こが事が心底解からぬ五体でありせば、それぞれに身欲を出して、我を出して、力任せに好き放題、自らの主権を主張致したその挙げ句、真釣りを外してバラバラに、生くるも適わぬザマと鳴るのじゃ。こが今世の世界の有り様にござるのぞ。汝等の五体申すは宇宙コトワリの似姿なるをくどう申し伝えあろうがな。こ度の経綸の似姿なるも伝え知らせ居ろうがな。

真釣る真中がしっかり致しあり無くば、五体別々の御ハタラキを、それぞれ別個のハタラキと、見なす『分かつ知』育ち来て、『あやま知』用いて世を作るから、五体一如のマハタラキを見失うのであるぞ。アタマはハラの真釣りが無かりせば、末代真釣るは適わぬ『分かつ知』じゃ。アタマは左右を逆に組む、型にて示しある如く、火水を逆さに組み結ぶ、体主心従霊属の、逆き魔コトに結ぶ世に、分け分け進みなしてしもうのぞ。ハラにマコトが立ちて無いから、アタマが総てを巻き込んで反乱を起こすのであるぞ。真中のハラは何をして居るのじゃ。

クギを打つにアタマにては出来ず、足にても具合が悪いであろうがな。山に登るに足以外にては無理がござろう。総てはス直に致せば、易きに成り鳴る様、組み結び真釣りてあるのじゃ。ハラの真中で組み結び真釣りてあるが由、様々鳴る動きありても、一糸乱れぬ御ハタラキが出くるのであるぞ。真中以外どこを取りても主従言うは決まりて無いのぞ。鳴り鳴るハタラキ真釣りて至善と主従の形に結ぶのじゃ。こが尊き真釣る御ハタラキなさるが、ハラでござるくどう申し上げ居るに、人民様はいか程言うて聞かせても、アタマで取りて解かりたお積もりになりて、三真釣る行に結ばぬから、益々『あやま知』にのめり込みて、神の申す事は、ちいとも役に立たんばかりか、規律を乱して世に仇なすがオチじゃ。等とのたまう様になるが解かりて居る由、この方の申す事、オカシキ思う様に鳴りたらどんなお偉ぃお方であろうが、どんな卑しきお方であろうが、ご自身の肉のお宮で確かめられる様、伝え記して居るなれば、何処でなりと、何時なりと、どうぞご納得あるまでご検証なさるが善かろうぞ。こ度の大変は、どうあってもこが真中のコトワリを、取りて下さらん事には、汝等が辛うて堪え切れん由、この方もこ程くどくど申すのであるぞ。この事、お一人お一人が行にて学び結びて下さらねば、マコトの改心も、感謝も出来んから、こがマコトに気付くためにも、早う三真釣りの行をして下されと、神、頼みて居るのざぞ。解かりて下されよ。

　汝等が生くる言うは、生かされあるをくどう申し伝えた由、こは解かりてござろうなれど、今今まではアタマが取り違えを致して、自ら勝手に生きある様、思いなしありた世でありたから、アタマがイノチを支え生かしあるが如く、本気で思い込み居る、目の覚めぬ者どもが数多居るのぞ。ざから今今にありても自らを自らが生かす思い込みて居るから、《身欲》が基の『あやま知』で『魔釣るカタチ』におイノチを、預け続け居るのでござるよ。自らを自らが生かす思う言うが、既に真釣りを失いた証ぞ。マコト生かされあるが、段々と解かり参りて来た者は、いかに生くるか等申す《迷い》は少のう鳴りて来るのじゃ。マコトの真釣りを知り行く申すは、出口無しの《迷い》から出口に至る唯一のミチぞ。元つマコトの神真釣り申すは、アタマの知恵にては末代適わぬ申す事、くどう言うて置くぞ。今今に取り違えたままにありては、末代の残念、無念になりてしもうからじゃ。

汝等の肉のお宮申すものは、そが数少なき元つマコトの神真釣りが、今の今も生き活きと鳴り鳴りご守護なされ居る、尊き神の顕しものにてござるのぞ。尊き火水の鳴りませる、神のお宮の事にてあるぞ。元つ心の鎮まれる、汝のお宮に気付かれて下されよ。そが由、ワケの解からんアタマの『あやま知』にいつまでもだまされて居らねで、自ら基の足元を、尊んで下され申すのであるぞ。汝等に善の鏡を見て下され申すも同じ事じゃ。善の鏡言うは、真釣りたマハタラキを顕す現しものの事にてあるよ。されば真釣るマコトの解からぬ者は、何時いつなりと立ち戻りて、汝に括り付けある、善の鏡のハタラキを見て下され申し居るのじゃ。

今今の汝のお体が如何様な響きに鳴りて居りても、それでも神のご守護で真釣られあるのぞ。汝の体を支えるに神々がいか程のご苦労をなされて居るか、ちいとは解かりて上げなされよ。汝ご自身がひっくり返した真釣りの数々を、一言の文句も言わぬどころか、尚、慈愛の笑み持て、メグリ少なきを量られて居るのぞ。お詫びの響き、感謝の響き更に更に深き底より鳴り出させねば、申し訳無いぞ。いつまでも辛くあるは、汝の我、強きが由じゃ。汝、感謝深くある積もりにありても、マコト欺くは適わぬ事ぞ。体ばかりで無いぞ。心辛くあるも同じ事じゃ。マコトの感謝が出けて居らんのじゃ。この方もいつまでも辛くあるを見るは忍び無いぞ。メグル情けをかくるは、そなたが愛しく救うてやりたいからじゃ。早う真釣りに戻りて欲しいからぞ。マコト以外のすべてを捨てる程に鳴りて下されよ。今辛くある者にか程強く申すも、今今のご苦労申すは、これまでの幾生の過ちの総決算をするに当たりて、少しでも楽にお陰が取れる様にと、一挙に一度で渡す、三歳苦難のその前に、お渡しなされた大事な掃除道具にござるのじゃ。そは少しでも早く、新しき肉のお宮に入れる程のミタマに鳴り鳴りありて欲しいからぞ。

新しき御代の体申すは、新た鳴る高き響きにて真釣ろい創りあるのぞ。響き一つ上ぐりて居るのじゃ。光一つ上ぐる伝え知らせあろうがな。この方が汝等に生きありても、死にありても三真釣り持ち行き、マコト磨け申したは、この事に関わりて大事な事にてある由、くどうくどう申し来たりたのじゃ。そは汝等のミタマ、マコトの響き無くあれば、新しき代の肉のお宮に入るは適わぬからであるぞ。光一つ上ぐりた肉のお宮に収まれるだけの、ミタマに鳴りておい出なされませ。

申すも辛い事なれど、今ザマの人民様のありザマにありては、適わぬ事と知り置かれよ。なれば汝等皆々神の響きを行成す者と成り鳴りて、一人でも多くの方々に真釣りあるを知らせくれよ。三真釣り持ち行き鳴するがミチぞ。解かりたか。

今今は心曇りて居るが由、ご自身自ら、アタマでご自身の体をバラバラに分け縛り付けて居られるから、体の各部は益々酷き有り様と鳴りて居るのぞ。日本が世界のヒナ型申すは、汝等も世界のヒナ型申すを言うのであるぞ。真釣り役の胴体がふ抜けて居りては、ご自身のお体が真釣れぬ同様、世界が真釣れぬも無理無かろうが。この方がヒノモトの人民様に厳しく申すは、この事在りて有るが由ぞ。

汝等ヒノモトの民申すものは、地球世界を真釣り背負わねば鳴らぬ、スメラの御ミタマにござるのぞ。汝等の申す、人知に汚れた、への突っ張りにもならぬ話をして居るので無いぞ。数ある民魂の真中の御役、最も辛きご苦労の、地の日月の神と統べ真釣る尊き御役の響きにておわすのぞ。辛きご苦労のお身魂であるが由、枝葉とタテワケ、一段も二段も上の響きのご苦労に堪えれる様、【元つキ】の直の御チ筋を引かせあるのぞ。中身のご苦労もなさらいで、カタチばかりで取り違え、日本は偉い偉いなぞ申し参りても、ハラにマコトの一厘も無きが者の成さり様は、犬、猫にも恥ずかしき限りであるぞよ。自らの真中のマコトが解からぬから、カタチばかりの言の葉で、体裁を作りて我が一番、我が一番等と威張り合うて参りたから枝葉の身魂にも劣る、悪しき身魂に落ちてしもうたのじゃ。

マコトを立て持つご苦労を、堪えて厭わぬおハタラキが、出くる身魂を上段の霊魂、申すのぞ。少しは恥を知りて下されよ。それだけの霊魂授かり、地の日月の神と鳴り成さる御チ筋にありながら、今のザマは何たる事ぞ。ハラが枝葉のやり方真似てどうするのじゃ。未だにハラにマコトの無き者は、アタマの毒に侵され居るから、自ら選んで成りた訳でもないに迷惑じゃ等、申す者も居られ様が何度も申し伝えある様に、そが者どもは、この方一人も要らんから、お邪魔せぬ様下がって見て居れ申し居ろうがな。枝葉は真釣るを知らんから、我善し勝手に持ち荒らし、やがて潰えてしまうから、そうなりてからでは遅いから、可哀想なから、枝葉束ねる汝等に早う五体統べ真釣りて下され申し来たのであるぞ。世界を統べ真釣りて下され申すも同じぞ。肝腎要の真釣りが外され居りたのじゃ。

真釣り統べるがハラのハタラキにござるのぞ。ハラにマコトが据えてござらぬから、腰が座らんのであるよ。ハラに真釣りの何かが解かりてござらぬから、アタマが取り違えを致して、我善しで何をやりても良い思い込みて、五体を好き放題我善し力で使い動かしありたのじゃ。なれど真釣りて使うて居らぬから、バラバラに不都合出ありて、継ぎ接ぐマコトの無き世となりたから、五体各部も何が何だか解からぬままに、我善し力のやり方で自由勝手に真似だして、更鳴る魔釣り世となさしめたのじゃ。しかあれ皆々真釣りて無きが由、皆々段々衰えて参りて、先行き不安となりたところで、体（地球）の栄養を一人受け居る、結構なハラ（日本）が悪いとアタマが仕組み煽りて、四体を巻き込みハラを弱らせ攻め入りて、何としても真中のハラを我が物と致して、胴を奪いて五体（世界）の魔コトの王にならんと画策致し居るが解からんか。日本の上を預かる者どもは、これより訪れ参る外圧に、好い加減なところで妥協せんとなされるが、そは適わぬ事と知り置かれよ。この方が許さぬなり。そが時、汝等マコトの者は世間より悪く悪し様になされる由、今今よりシカリ、心鍛えてマコト護持出くる様、気張りて下されよ。

アタマが何をなさろうが、ハラがマコト真釣りを少しでも致して居れば、如何様にも持ち直す事は出来たのであるぞ。今の世の酷き有様はハラにマコトが無い由に、アタマのやり方を善き様に吹き込まれ、思い込まされ、身欲に走りて信じ込み、行に結びたが終わりの始めとなりたのじゃ。今今になりても、世の識者呼ばれる者共や宗教家申す者共は、マコト耳に入れども聞きもせず、見せども見えぬあき盲ばかりでござるから、日本はだまされて居りたのじゃから、日本ばかり責めいで下され等と物知り顔で申すなれど、そは今今に至りても尚、ヒノモトの真姿の見えぬ大ウツケの申し様でござるぞ。マコトの事が解かりて無くあれば、人民様のお邪魔にならぬ様、口を慎み、心を慎み、行を慎みて黙って見て居れよ。

汝等の申し様は、親が子にだまされ成せし悪なれば、ワレばかり責めねで子も責むが公平なり、と申すが如きぞ。何たる情け無きザマであるか。恥を知りて下されい。ユダヤのミタマ申すは、大き構えが陽の構えでござるから、ハタラキは水の御ハタラキと鳴りて居るのぞ。情けと花の表の音色じゃ。スメラのミタマ申すは大き構えが陰の構えにござるから、ハタラキは火の御ハタラキと鳴りて居るのじゃ。情けと花の裏の音色ぞ。どちらがどちらを背負うのか、これでハキリ解かりたでござろうが。世界の人民様申すは、すべて皆々大神のご大切なる御子なれど、汝等の兄弟にてはあらぬ者なり、汝等は親なり、世界の人民様は皆々、汝のお子なり。この神仕組み取り違い居りていては、世は滅ぶなり。今までの考え様、さっぱり捨てて下されと、くどう申して居ろうが。マコトの解からぬ神や仏にいつまでも使われて居るからそのザマであるぞ。

よきか、今今の汝等のマコトの有り様申すものは、汝等ご自身のお子を自ら殺すか生かすかの瀬戸際に立ちて居るのぞ。今一歩踏み選べばどちらかに決まりてしもう瀬戸際じゃ、申して居るのぞ。人類皆兄弟等と腰抜けたる思い様にありては易きミチに入るは必定。目も当てられぬ残念ご無念でござるよ。

親と申すものは、子にマコトを立て開くがハタラキでござるのぞ。マコト真釣りて行に結ぶを【口、心、行】にて開き渡すなり。顕すなり。子にマコトの開くのを【情け】と【花】にて見守るが、親たる者の有り様でござろうが。情けの表は【真釣る厳しさ】であるぞ。情けの裏は【忍ぶご苦労】でござるよ。花の表は【行に結びた形】にござる。花の裏は【散らぬマコトの花一輪】ハラに咲かせしことなるぞ。見守るご守護のハタラキは、表に立ちては適わぬぞ。下に下り下りて支えるが陰のご守護の基なり。親と申すはこれ程のご苦労の御役なり、さればそれだけの力与えあるは、幼子にありては尚、解かる道理でござるのぞ。

【散らぬマコトの花一輪】汝のハラにも、お子のハラにも、見事咲かすが出くたなら、万古末代弥栄じゃ。どうでも利かぬお子であれば、強きメグリ背負いたお子なれば尚の事、今生に覚え無くありても、何時の世かで共に真釣りを崩す様な因縁を持たれたは、明々白々であろうから、お子を神と崇められ、お詫びの響きを感謝に繋げ、汝が三真釣り持ち行きて、マコトに結ぶご苦労を少しでも早うなさりて下されよ。メグリ申すものは、真釣りた響きで逃げも和するも致すのざから申して居るのぞ。やって見なされよ。この方がついて居る言うて居ろうが。

汝等、世界の人民様の親なれば、世界の人民様より一段も二段も上の霊魂授けあるを伝え知らせあろうがな。偉い偉く無いの話で無いぞ。尊き神真釣りの基であるぞ。いつまでもイシヤの仕組みに引っ掛かりて居りて、この世にありもせぬ自由・平等・博愛なる戯言に振り回された挙げ句、不自由・不平等・不博愛なる世を創り上げてしもうた事に、まだ気付かんか。アタマの創りた『あやま知』の世にありては適わぬ事でありたのじゃ。自由・平等・博愛なる、マコトの響き言うは【真釣り】た全一如の和したる響きなかりせば、有りは致せぬ事なのぞ。親有りて子が有るのであろうが。神有りて人が有ると同じ事ぞ。汝等皆々、宇宙コトワリの似姿なると申し伝えあろうが。親なる中心が有りて、幹なる中心が有りて初めて枝葉に全一如のハタラキが出くるのであろうが。ここに自由・平等・博愛なることどもは、猛々しく言挙げさるるも無く、至善に生き活かされあるのでござろうが。日本の人民様、良い加減にシャキッと目を覚まして下されよ。自覚無き申しても余りのザマでござるぞ。真中が真釣りを忘れて居りてはどうする事も出来はせんぞ。五体においても同じ事ぞ。ハラは五体の基なり、親なり。胴が無くれば五体バラバラであろうが。五体すべてを真釣る由、元つ気ハラに集め居るのぞ。五体すべてをかまう由、滋養ここより取るる様、型に示しあるを忘るなよ。四体、枝葉も神の御子なれば、尊き御ハタラキ持ちて居るのぞ。なれどそはハラが真釣り統べりてあれば、の事にてござるのぞ。ハラが真釣らねばいつでも逆法に鳴りてしもうは、アタマの仕組みで型示しあるは、伝え知らせあろうがな。

ヒノモトの人民様は、世界の父親なる責を忘れて久しくありたから、今今のザマと成り果ててしもうてござるが、今、最期の時。子にマコトも示せず散りて果てるは末期の恥と知りて下されよ。今今に、汝の三真釣り持ち行くが、マコト鳴り成る響きにて、汝のお子にも世界にも、マコト知らしむ型と成る。解かりたか。

ここまで申し伝え来たなれば、よもや不足は無かろうまい。今今の時節にありては、真釣りた響き無くれば、何事も成就致せんと、くどう申し参りたが。汝に一厘のマコト残りあるなれば、今を外して、何時に使うお積もりか。こ度は万古末代二度は無い、後にも先にも一度こっきりの大層でござるぞ。今までの世は、何あろう命ありての物だねでも良かりたのであるが、これからの世申すは、マコト無くては生きられぬ神代と成るのであるから、既にその響きに入って久しくあるから、マコト有りてのお命なるを、決して忘れんで下されよ。何に付け、今生にマコト懸けての花一厘、見事に咲かすか、果て散るか、今今、この場で決めて下され。ここ今に決めれぬ者はもういらぬ。お好きな様になさるが善かろうぞ。

この方は死に急げ、申して居るので無いぞ。逆ぞ。汝等皆々、大事な神の御子様じゃ。タテナオシの尊き天命背負いて居られる、地の日月の神々様じゃ。魔釣りの魔やかす毒牙にて、尊きおイノチ散らさるるを、この方、見るに忍びぬ由、か程きつう申すのじゃ。何がありてもマコトを護持致せ申すは、汝のハラ内に末代倒れぬマコトを立て持て申して居るのぞ。マコトが大事じゃ申しても、ケガレ逆巻く悪しき世に、ご一人でマコトを掲げて正面からぶつかられては、おイノチがいくらありても足りはせぬぞ。かたひじ張らずに、避けれるものはのらりくらり機転を利かして避けくれよ。汝がことさら荒立てねば、相手もそが以上の罪ケガレ、積まねで済むのじゃ。汝の思いは次にして相手善かれの心を持つも、神の心に適うマコトにてござるぞ。汝のマコトを貫くためにもそうして下されよ。そも修行の内でござるよ。解かりたな。無駄死にはして下さるなよ。神、頼みたぞ。

汝等皆々、こ度のご用に使うてやりたいから申して居るのぞ。ハラにマコトの立ちてる者で無くればこ度使うは出来んのじゃ。曇り残りある程に、汝ご自身が苦しゅうて、とてもご用どころの騒ぎで無いぞ。由にくどう申して居るのじゃ。身魂相応に使う申しても、【足場】の【足場】の【足場】の【ア】の字も出来て居らん様な身魂でありてはとても使うことは出来んから、早う三真釣り持ち行きて一成る花を二成る花へ、二成る花を三成る花へ、自らにマコト持ち行く情けを課して、堪えるご苦労に勝ち行く程に、楽にご用が勤まる様に成るのであるから、ご苦労を成された分、キッチリ見取って、楽に出来るだけのご用に回してやるぞ。マコトが一番でござるから、マコトを手にして下されよ。ケガレ多き身、思えど、残るマコトの一厘で何かの神のご用をさせくれと、ケガレたとは申せ、ひそかに思うがマコト日本の人民様じゃ。この方それを知りて居る由、汝が愛しいのじゃ。何かのご用に使うてくれ申す者、一人も余さず使うてやるから、残るマコトの花一輪、何かに付けて見事咲かすが汝の務めじゃ。一厘、磨き出されて見事、水晶と成して見なされ。この方しっかと見届け致して、アッパレご用に使うてやるから、ガンバリ成されよ。

あとがき

ご神霊のご加護、ご賛助の方々のお力により、どうにか皆様にお渡し出来ることとなりました。誠に有難うございました。【火水伝ゑ文】（ヒミツタヱフミ）は元つ天地の大神様が、御自らの天地経綸を基に明かされた、世界に責ある私達日本人一人一人への最後の警告のお伝ゑでもあり、また残された日々をどう生きるかに関わる重大な指針でもあると考えます。このフミの真偽や出された経緯等々、ご興味をお待ちの方々が多々居られると存じますが、そんなことより少しでも多くの、今に大切な事柄を、このフミから汲み取って頂ければ幸いと存じ居ります。今回本となりました分は【火水伝ゑ文】として拝受致しました全体の約半分ですが、ご神霊のお導き通り過不足なくお伝え出来ているものと存じます。尚、このフミは、国祖・国常立大神様のご守護、ご指導、お導きのもとに、この度この世に下されたと知らされました事、この場を借りましてご報告申し上げたいと存じます。
また【日月は経綸の計画書じゃ。火水は経綸のワケじゃ】と知らされ、このフミと併せ【日月神示】を必ず読まれる様、皆様に伝えよと申し渡されて居ります。
どうか、お読みになられまして、大神様のご神意をお取り頂ければと存じます。

皆様の三真釣りが十全になされますようお祈り申し上げます。

平成四年四月吉日記

我空徳生

元津司　元津恩方之宮　宮司　鈴木浩充

『火水伝ゑ文』の公刊にあたりまして、G化アライアンスの方々より以下、ご推奨文を賜りましたので、掲載させていただきます。

（編集人：西塚裕一〔五目舎〕）

*

この度この文を出版するにあたり、拝受者の我空氏によるあとがきに代えて、この文の実践者である方々の、忌憚の無い伝ゑ文《ツタヱフミ》在りきの歩みの歴史を、今の視点から、此れからの神示を含めた指標までを、語って戴く機会を得ましたので、読者を伝ゑ文の奥山までご案内出来る機会ととらえ、我空氏の承認を得て、神示の補講として掲載させて戴く事と成りました。

この火水伝ゑ文を、拝受なされた我空氏は、【伝ゑ文】通りに、活きられている方で、世の中の二元即ち人間の思惑善悪には、殆んど興味をお持ちに成らないと言うより、激しく嫌われる方ですので、もう亡くなったただの役目は終わったただのと下らなさ過ぎる、無礼千万な言を弄する方々の風評等にも、一切のリアクションを取られませんでした。

結果、無断で火水伝ゑ文の全文を勝手にアップロード、ダウンロードする者や、手前勝手な解釈を、伝ゑ文として人々に伝える様な方々も出て居られましたが、それでも尚、関わるのを退け、【伝ゑ文】を公に出版する事すら為さらない程、プロパガンダと言う一切を、固辞し続けて居られました。

しかしこの度、火水伝ゑ文を深く学び、一人で…それは氏が余りにも表に出ず公の宣伝とは決して組みしない、と言う遠因もあったが故に…氏との出会いも無く今に至る迄、この未知を独り真摯に歩んで来られた、外なる希有な方々との邂逅などもあり、御祖《ミオヤ》からのお伝ゑを生み顕す身が、未だに生かされている九十への、責（即ち喜び）のケジメを果たすべく、この度の出版のお話しをお承けする運びと成ったそうです。

今回、丁度のタイミングで、物理的にも後一年、心理的にも後一念の時を迎えて居りましたので、私共も私共に伝ゑられてるコト…一年を掛けて何かを為すのではなく、【意（志の）間／今】の【一念の意（至）喜】で今を活きれる振動場に移りなさいと言う情報のエネルギー化を、皆様と共有出来る機会を得られる事に感謝申し上げます。

唯、その為には我空氏に生ましめられ開示され、象（カタチ）に顕された神の経綸の具体的な内容の幾つか、例えば『秘密《ヒミツ》伝ゑ文』の【上《ウワ》ツ（火水）】とその対としての【下《シモ》ツ（木金）】から【主坐成《スサナル》の（土）】に至った〝今！〟、真中のミロク（Gコンセプト）による、【黙示《モクシ》ゝ伝授《デンジュ》】と言う、神の振動を渦場化した空域の中に、ミズカラの在り方を、喜びに活かし生かす命化《ミョウゲ》能力である、〝i／愛〟の力を正しく学び、修得する必要があるでしょうとのコトです。

それも、生かされて居るうちに御祖から伝ゑ生ましめられた内容を、御祖に赤誠の畏敬の念を持って、歩まれ様としている、敬愛すべき方々へ渡し切る為にと言う思いからだそうです。

巷間、今まで勝手な解釈を為さって居られた方々も居られますね、と言う事に関しては、それはそれで一向に構いませんと…唯そもそも真逆をマツルGコンセプトの、中いくミチの渦場を構える【黙示〟伝授】と言う神の振動にシンクロ出来なければ、世の過ちを質し糺し正す【お伝ゑ】など出来る筈もないと思います。それでも未だ真中を伝ゑたいのであれば是非【黙示〟伝授】の【真中の振動】、即ち【Gコンセプト】に、現象世界を常応万化せしむるリアルな命化の解結《カイケツ》の中に為されて下さいませとの事でした。

氏はご自身に関しては、元理者《ゲンリシャ》ではあるが、人々の言う処の人格者ではありませんと仰有います…唯々、御祖に対する畏敬の念の中に住まう者ですと。

尚、氏の歩まれた経綸の歴史は現在皆様が〝土〟即ち〝主坐成〟の段階へ、至らしめられているコトと、密接に関わる歩みとして知って下されば、皆様が歩んだ処の意味も、また此れから歩まれる処の意味も、より深くご理解戴けると思われますので、以下にダイレクトに皆様の岩戸開き（覚醒）の歩みに関わる処だけを、参考の為に添付して置きますのでご参照下さい。

●伝ゑ文拝受（上下）
●五つの命題を基調とした旧約講演
●伊勢神宮奉祝祭での、騙した岩戸の真対理《マツリ》戻し／光の岩戸開喜祭の開催
●真中の振動／波Gコンセプトの開示
●『ニューヨーク・タイムズ』紙上での提言
●G化の為の黙示ゝ伝授（粒子化）／五間《ゴマ》開きを基調にした新約の実装実践
●再誕再生の為のテクニカ9《ナイン》マトリクス（振動波粒子化テクノロジーです）
※以上粗々ですが、ご参考までに…

楽しければ佳《ヨ》いと、本当に楽しければそれで佳いと仰有られます。

真ん中を出される九十《コト》が全てです。真ん中とは、【伝ゑ文】で言う処の、九御坐真中《クミクラマナカ》の九十でご座います。

最期に、皆様には、どうしてもこの【真中】の正味《ショウミ》をお伝ゑし、ご理解をして戴かねば成りませんが、このあとがきでお伝ゑする九十など、到底適わぬコトですので、黙示ゝ伝授と言う御祖の構えを媒体とした、【我空社／ＧＡＩＡ】と言う伝ゑの場を、伝ゑ文を愛する方々の為に遅ればせながら、ご用意申し上げましたので、どうぞご利用下さいませと言う、我空氏からのメッセージをお伝えして、終わらせて戴きます。

尚現在、実際にこの真中覚醒のワークフレイム（G化ステージ）の、実装実践を提供しているのは、【我空社／GAIA】とG化アライアンスフォースの承認を我空氏から受けている、アライアンスシップだけです。

皆様の命化実践歓喜弥栄《ミョウゲジッセンカンキイヤサカ》を、心より祈念申し上げます。

令和六年七月十二日記

G化アライアンス

我空徳生（がくうとくを）

1991年、伝ゑ文拝受（上下）。1992年、『火水伝ゑ文』を世に出す。以後、「五つの命題」を基調とした講演活動を行なう。1996年、「第2回国連人間居住会議」（ハビタット2）に招聘され、「五つの命題」等を提言。同年、伊勢神宮内宮にて「光の岩戸開喜祭」を開催。1999年、「Gコンセプト国際基金議会（略称GIFT）」設立。同年12月29日、『ニューヨーク・タイムズ』紙国際面の一頁に「Gコンセプト」を提言。2001年、『黙示ゝ伝授』セレモニーの全国展開を開始。現在、再誕再生のための「テクニカ9マトリクス」、「G化ステージ」の実装実践を行なう。『我空社／GAIA』社主。

● 『火水伝ゑ文』『黙示ゝ伝授』『G化アライアンス』等についてのお問い合わせ先

〒102 − 0084
千代田区二番町1 − 2番町ハイム918号
GAIA事務局
godarea99@gmail.com

GAIA公式LINE

火水伝ゑ文
〈ヒミツツタヱフミ〉

●

2024年9月11日　初版発行

著者／我空徳生

編集／五目舎
DTP／伏田光宏

発行者／今井博揮
発行所／株式会社 ナチュラルスピリット
〒101-0051 東京都千代田区神田神保町3-2 高橋ビル2階
TEL 03-6450-5938　FAX 03-6450-5978
info@naturalspirit.co.jp
https://www.naturalspirit.co.jp/

印刷所／創栄図書印刷株式会社

ISBN978-4-86451-491-0 C0014